lonely planet

AF276507

DE CERCA
EDIMBURGO

Mike MacEacheran

Sumario

Arriba: gaitero en Edimburgo.
Abajo: castillo de Edimburgo (p. 40).

Explora Edimburgo 33

Guía práctica 175

DESDE ARRIBA IZDA.: LANCE BELLERS/SHUTTERSTOCK © · EXFLOW/SHUTTERSTOCK ®

★ Imprescindible

Merece la pena

El viaje empieza aquí

No es raro que la gente se enamore de la capital de Escocia; a mí me robó el corazón hace ya décadas. Tras sus fachadas de piedra se esconde una gran animación. Se encuentra rodeada por un volcán extinto, verdes colinas y la costa del mar del Norte, y es un lugar para sumergirse en la historia y la cultura, con castillos, modernas galerías y un festival de las artes de primera que se supera año a año. Solo hay que pasar unos pocos días –o más, si se puede– para quedar hechizados por esta ciudad de cuento de hadas.

Mike MacEacheran
@MikeMacEacheran
Mike es un galardonado periodista de viajes. Vive en Edimburgo y, en la última década, ha participado en la redacción de diversas guías Lonely Planet.

New Town (p. 85).
F1IPHOTO/SHUTTERSTOCK ©

LO MEJOR

Gastronomía

Sea disfrutando de su pescado y marisco, de sus productos de granja, de la caza de las Highlands o de sus restaurantes con estrella Michelin, en Edimburgo se disfrutará de la mejor cocina de Escocia, y la oferta es amplia y sublime.

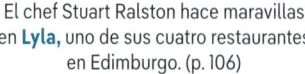

El chef Stuart Ralston hace maravillas en **Lyla,** uno de sus cuatro restaurantes en Edimburgo. (p. 106)

Una cena con velas en el **Witchery** sumergirá al comensal en un ambiente victoriano con tonos góticos. (p. 58; foto)

En **Prestonfield House** se cena rodeado de las antigüedades que ya decoraban el lugar cuando Carlos Eduardo Estuardo tomaba allí el té. (p. 79; foto)

El menú degustación del **Little Chartroom,** el restaurante de Roberta Hall McCarron, la chef más reconocida de la ciudad, es un placer para los sentidos. (p. 149)

En el restaurante **Kitchin,** con estrella Michelin, el chef Tom Kitchin propone un viaje de la naturaleza a la mesa. (p. 148)

En la carta del **Timberyard,** que ocupa un antiguo almacén de madera, se hallará la mejor cocina de temporada. (p. 119)

Dcha.: Prestonfield House (p. 79).

LO MEJOR

Ocio nocturno

A los escoceses les gusta salir, beber y bailar, y la ciudad rebosa de *pubs* memorables, whiskerías, discotecas y locales de todo tipo para pasar toda la noche de fiesta.

Seguir la ruta de las coctelerías por **Queen Street,** en la New Town, donde se concentran los mejores *mixologists.* (p. 100)

Por los viejos *pubs* de **Grassmarket** circulan divertidas historias de los profanadores de tumbas y los bajos fondos del s. XVIII. (p. 61)

Visitar los *pubs* más modernos y descubrir el pasado marinero de la ciudad en **Leith.** (p. 141; foto)

¡Atentos a la agenda de conciertos! Las grandes figuras del pop y el *rock* suelen actuar en el **Usher Hall** del West End. (p. 120; foto)

Acceder a la mejor oferta de teatro y artes escénicas en el **Summerhall,** cerca de los Meadows. (p. 164)

Los amantes del *whisky* disfrutarán de la Johnnie Walker Experience en el **1820 Rooftop Bar.** (p. 97)

Dcha.: fuegos artificiales sobre Edimburgo (p. 33).

LO MEJOR

Experiencias culturales

Al visitar los museos, los castillos y el palacio de Edimburgo se conocerá mejor la ciudad, se la podrá ver con los ojos de reyes y reinas del pasado, y comparar con la moderna identidad escocesa.

Repasar la historia de Escocia desde los bastiones del **castillo de Edimburgo,** entre cañones, torres y salones. (p. 40; foto)

Descubrir a los protagonistas de la vida cultural de Escocia en el edificio neogótico de la **National Galleries Scotland: Portrait.** (p. 88)

Descubrir los orígenes de la ciudad y viajar del Neolítico al presente en el **National Museum of Scotland.** (p. 46)

Adentrarse en el lado más moderno y conceptual del panorama artístico escocés en las colecciones **Modern One** y **Modern Two,** en el West End. (p. 113)

Contemplar la lujosa vida de la monarquía británica a bordo del **yate real 'Britannia',** palacio flotante atracado en Leith. (p. 144)

Viajar a la época de María Estuardo en el **palacio de Holyroodhouse.** (p. 72; foto)

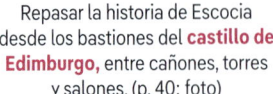

Dcha.: National Galleries Scotland: Modern One (p. 113).

Fiestas y celebraciones

En Edimburgo las fiestas y celebraciones son superlativas, desde el mayor festival de las artes del mundo hasta un espectacular desfile de bandas militares, sin olvidar su bulliciosa fiesta de Año Nuevo. En la capital escocesa siempre hay ocasión para la fiesta.

Es el más antiguo, famoso y, por lo que dicen los escoceses, el mejor del mundo: no hay que perderse el **Festival Internacional de Edimburgo.** (p. 121)

En el espléndido **Fringe Festival** se puede ver tanto un espectáculo de humor como un estreno de teatro o circo. (p. 62; foto)

Cientos de gaiteros, tamborileros y bailarines animan el **Edinburgh Military Tattoo,** animado desfile militar en la explanada del castillo. (p. 58)

Durante el **Hogmanay,** las calles se llenan de danzas *ceilidh, whisky* y celebraciones de Año Nuevo. (p. 41)

Hay que probar las delicias del **Edinburgh Food Festival,** en los jardines de George Square. (p. 168)

Músicos, bailarines y *crooners* actúan en el **Edinburgh International Jazz & Blues Festival** de julio. (p. 25; foto)

Asistir a la **Stockbridge Duck Race,** carrera de patitos de plástico. (p. 133)

CHITRA RAMASWAMY/LONELY PLANET ©

Castillo de Lauriston (p. 166).

LO MEJOR

Castillos

Edimburgo está plagado de bastiones medievales, antiguas ruinas y torres ocultas, de lo más espectacular a lo más secreto: lugares perfectos para dejar volar la imaginación.

Tras echar un vistazo a las joyas de la corona más antiguas de Gran Bretaña se puede visitar el impresionante gran salón del **castillo de Edimburgo** y el edificio más antiguo de la ciudad, la capilla de St Margaret. (p. 40)

Desde las recortadas ruinas del **castillo de Craigmillar,** con imponentes murallas, se disfrutará de una panorámica sublime de Arthur's Seat y el centro urbano, a lo lejos. (p. 167)

Vale la pena visitar el **castillo de Lauriston Castle,** que en realidad es una antigua casa fortificada con una larga historia y su propio fantasma. (p. 166)

Quien quiera sentirse como la realeza, puede tomar el té en las **Tea Rooms** del castillo de Edimburgo. (p. 43)

LO MEJOR

Compras

Edimburgo es un paraíso de las compras. Algunos de los barrios más interesantes para ello están fuera del centro, así que ir de compras es un modo estupendo de moverse por la ciudad como un lugareño.

Pasar la tarde curioseando por las tiendas y *boutiques* de la pintoresca **Cockburn Street,** en la Old Town. (p. 59)

Visitar las originales tiendas de la **Royal Mile,** en la Old Town, surtidas de *whisky, kilts* y todo tipo de prendas de tartán. (p. 53; foto)

Pasar el fin de semana en **Stockbridge,** un interesante lugar con espléndidas librerías, tiendas de regalos y de discos, y un mercadillo agrícola. (p. 125)

Unirse a los vecinos en el cosmopolita **barrio de St James,** en la New Town, con modernas tiendas y restaurantes y un hotel sublime. (p. 99; foto)

LO MEJOR

Circuitos

Los rincones más memorables de Edimburgo no siempre están a la vista: con un circuito inmersivo se descubrirán sitios apasionantes, el pasado de la ciudad y el futuro al que se encamina.

Sumergirse en la historia del **Real Mary King's Close,** del s. XVII, con un guía vestido de época. (p. 44)

Escuchar las sangrientas historias de los **Surgeons' Hall Museums** en un circuito a pie por la historia médica del lugar, con relatos sobre robos de cadáveres y los primeros asesinos en serie. (p. 162)

Temblar en un fantasmagórico recorrido por el **Greyfriars Kirkyard,** cementerio donde quizá se encuentre al fantasma del juez McKenzie. (p. 53; foto)

En Leith abundan los locales de cerveza artesana; para probarlas todas, lo mejor es apuntarse al **Leith Taproom Trail.** (p. 150)

STEFANO EMBER/SHUTTERSTOCK ©

LO MEJOR

Al aire libre

Siendo una ciudad tan compacta y de fácil orientación, explorarla a pie o en bici es un placer. Desde ascender a un volcán de 350 millones de años hasta pasear por la orilla del río, hay opciones para todos los estados de ánimo.

Pasear entre el brezo hasta la cumbre del **Arthur's Seat,** volcán con unas vistas inspiradoras.
(p. 162)

Tomar el **Water of Leith** y seguir el sendero desde el West End hasta Stockbridge, parando en Dean Village para ver sus pintorescos molinos.
(p. 118; foto)

Recorrer sin mucho esfuerzo **Calton Hill,** colina llena de monumentos, torres y miradores donde respirar a pleno pulmón. (p. 97; foto)

Recorrer el **Innocent Railway Path,** primera línea de tren subterráneo convertida en pista ciclista. (p. 80)

Perderse por los jardines de piedras, arboretos y senderos del bonito **Royal Botanic Garden** de Stockbridge. (p. 127)

Comprobar el horario de la marea antes de dirigirse a la **isla de Cramond,** donde la I Guerra Mundial aún está presente. (p. 138)

Lo mejor
para niños

Dejar que los niños se asombren ante los misterios que plantean **Camera Obscura & World of Illusions.** (p. 52)

Retroceder en el tiempo hasta el Big Bang y más allá en el museo de la ciencia interactivo **Dynamic Earth.** (p. 71)

Hacer que los chavales oigan historias de fantasmas que empequeñecen a las de Harry Potter, en el **Greyfriars Kirkyard.** (p. 53)

Hacer un pícnic, tomar un helado y corretear en torno a la fuente y el templete en los **jardines de Princes Street.** (p. 90)

Despertar en los adolescentes el interés por los héroes de *La isla del tesoro* y por Rob Roy en el **Writers' Museum,** en recuerdo de Robert Louis Stevenson y sir Walter Scott. (p. 53)

Lo mejor
gratis

Maravillarse ante las caleidoscópicas galerías del **National Museum of Scotland,** el mayor museo de la capital, con muestras que van de la historia natural a la egiptología. (p. 46)

Rodearse de aire fresco y flores en el **Royal Botanic Garden.** Las vistas de Edimburgo desde la Inverleith House también son estupendas y gratuitas. (p. 127)

Admirar a grandes maestros de la pintura como Rembrandt, Vermeer, Monet, Picasso o Van Gogh en la **National Galleries Scotland: National.** (p. 96)

Contemplar la **catedral de St Giles,** la iglesia más imponente de Edimburgo, que atrae tanto a devotos como a curiosos. (p. 52)

Pasear por Water of Leith hasta el tranquilo **Dean Village,** lugar con una importante historia industrial, muy apreciado por los *instagrammers*. (p. 111)

Tres días perfectos

De la Old Town a la New Town, Edimburgo ofrece la combinación ideal de modernidad y esplendor gótico, desde su castillo sobre un risco hasta el palacio real o unas galerías a la última.

Scotch Whisky Experience (p. 52).

■ PRIMER DÍA ■

Si solo se dispone de un día

MAÑANA

Se empieza en lo alto de **Calton Hill** (p. 97) para tener una panorámica de la ciudad, con el castillo, el palacio de Holyroodhouse y el Arthur's Seat. De ahí, se va a Castle Rock para recorrer las callejuelas de la Old Town y visitar la **catedral de St Giles** (p. 52; foto), en la **Royal Mile** (p. 53).

TARDE

Se cruza el foso del histórico **castillo de Edimburgo** (p. 40) y se disfruta de las vistas desde sus almenas. Después, se puede pasar por la **Scotch Whisky Experience** (p. 52) para hacer una cata.

NOCHE

Ir a **The Shore** (p. 148) para una cena memorable en algún restaurante con estrella Michelin. Luego, se pueden visitar los bares de ambiente marinero.

SEGUNDO DÍA

Un fin de semana

MAÑANA

El segundo día empieza con media jornada de puro arte: en las National Galleries Scotland se puede escoger entre la sección **National** (p. 96) o **Portrait** (p. 88), y luego cabe adentrarse en la New Town para visitar la **Modern One** y la **Modern Two** (p. 113).

TARDE

Se baja al **Water of Leith** (p. 118; foto) para dar un paseo lleno de historia hasta el **Dean Village** (p. 111) y **Stockbridge** (p. 125), donde conviene comer algo antes de visitar los jardines del **Royal Botanic Garden** (p. 127). De regreso, se puede tomar una copa en **Raeburn Place** (p. 133).

NOCHE

El día puede acabar en un *gastropub* o restaurante de **St Stephen Street,** en Stockbridge (p. 135).

TERCER DÍA

Una escapada

MAÑANA

Conviene madrugar para poder ver con calma las estancias reales del **palacio de Holyroodhouse** (p. 72), su abadía en ruinas y sus cuidados jardines. El **Parlamento escocés** (p. 74; foto) es un buen sitio para informarse sobre la historia del país y sus aspiraciones de independencia.

TARDE

Para asimilar el almuerzo, lo mejor es pasear por el **Holyrood Park** (p. 76) e, incluso, se puede subir a pie hasta la cumbre del **Arthur's Seat** (p. 78).

NOCHE

A la vuelta, ya será hora de beber algo, y en los **Meadows** (p. 162), en **Bruntsfield,** se hallarán algunos de los bistrós más acogedores de Edimburgo.

Con más tiempo

En la Old Town hay mucho que ver, así que si se tiene más tiempo, no hay excusa para no hacer un viaje al pasado en el **Real Mary King's Close** (p. 44), las misteriosas tumbas del **Greyfriars Kirkyard** (p. 53) o las curiosidades médicas de los **Surgeons' Hall Museums** (p. 162). En la Royal Mile se encuentran también el **Writers' Museum** (p. 53), el **Museum of Edinburgh** (p. 57) y calles comerciales antiguas como **Victoria Street** (p. 60) y **Cockburn Street** (p. 59).

Si se viaja con niños, interesa llevarlos a la **Camera Obscura & World of Illusions** (p. 52) y a **Dynamic Earth** (p. 71), pero las galerías del **National Museum of Scotland** (p. 46) también son entretenidas. Tomando el tranvía se llega a Leith, donde se halla el **yate real 'Britannia'** (p. 144). Otra opción para los interesados en la realeza, es ir en autobús al **castillo de Craigmillar** (p. 167) o engalanarse para tomar un lujoso té de la tarde en **Prestonfield House** (p. 79).

National Museum of Scotland **(p. 46).**

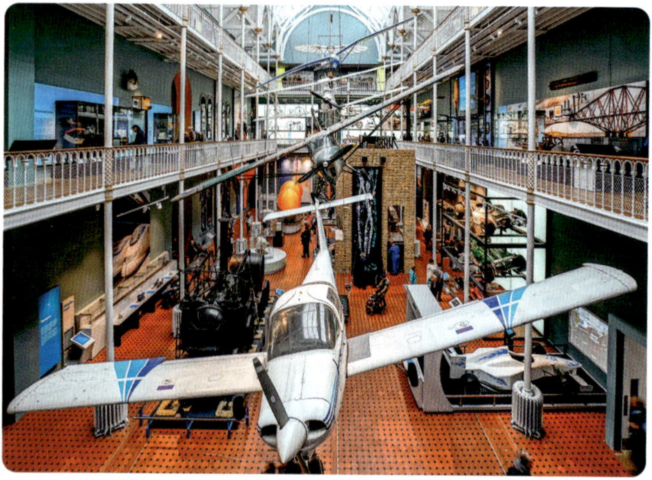

AUGUST_0802/SHUTTERSTOCK ©

Una excursión

En autobús, bicicleta o coche de alquiler, se puede visitar la **Rosslyn Chapel** (p. 172; foto), en la rural de Midlothian. Está a 11 km de la Old Town pero es otro mundo. Tras contemplar las decoraciones de la Lady Chapel se almuerza en la cafetería del centro de visitantes.

Siguiendo hasta el **Pentland Hills Regional Park** (p. 169), se podrá caminar o pedalear por sus bosques y coronar las colinas, con la vista del centro urbano y el estuario del Forth. Quien quiera más emoción puede parar en el **Midlothian Snowsports Centre** de Hillend (p. 168) para practicar *tubing*, esquiar sin nieve o lanzarse por el único tobogán alpino del país.

En un día de lluvia

Es fácil pasar media jornada en cualquiera de los cuatro espacios de las **National Galleries Scotland** (pp. 88, 96 y 113) y el **National Museum of Scotland** (p. 46; foto). El **City Art Centre** (p. 59), el **Surgeons' Hall Museums** (p. 162) y el **Museum on the Mound** (p. 63) son más pequeños, pero interesantes.

Los **Dovecot Studios** (p. 57), el **Scottish Storytelling Centre** (p. 57) y **Edinburgh Printmakers** (p. 166) también son atractivos.

Para una experiencia más inmersiva, **Dynamic Earth** (p. 71) y **Camera Obscura** (p. 52) son buenas opciones familiares. A los amantes del *whisky* les encantan las visitas a la **Holyrood Distillery** (p. 81) y la **Port of Leith Distillery** (p. 148).

Prepararse

ANTES DE PARTIR

Tres meses antes Comprar entradas para el **Festival Internacional de Edimburgo** (p. 121), el **Edinburgh Festival Fringe** (p. 62) y el **Edinburgh Military Tattoo** (p. 58).

Un mes antes Reservar mesa para cenar en fin de semana en restaurantes populares como **Lyla** (p. 106), **Timberyard** (p. 119) o **Kitchin** (p. 148), y comprar entradas para festivales y eventos deportivos.

Una semana antes Reservar mesa para otros restaurantes, comprar entradas a museos y circuitos organizados.

Costumbres

Los escoceses son parlanchines, sociables y acogedores; es fácil entablar una conversación.

El acento escocés puede ser difícil de entender, sobre todo la primera vez, así que no hay que temer preguntar dos veces en lugar de acceder a ciegas a algo que no se ha entendido.

A los lugareños les encanta que el visitante adopte la cultura tradicional. No hay como ponerse un *kilt* y un *sporran,* o una prenda de tartán, para metérselos en el bolsillo.

Hablar de política

Tras el referéndum de independencia del 2014, Escocia sigue dividida, al menos políticamente. La mitad quiere permanecer en Reino Unido y la otra mitad se quiere ir.

No tiene nada de malo hablar sobre el tema y preguntar sobre la relación con Westminster, Europa y el resto del mundo, pero no todos están contentos con la situación actual.

Información útil

Agua En cafés, restaurantes y bares se sirve agua del grifo gratis. Incluso se puede rellenar la botella.

Alcohol A la mayoría de los escoceses les gusta beber y el alcohol forma parte de la tradición nacional. Los *pubs* y bares se llenan por las noches. Abren a las 11.00 y no cierran hasta la 1.00 –o más tarde, en fin de semana–. Eso crea un gran ambiente, pero a veces también ruido, especialmente en **Grassmarket** (p. 61) y Rose Street, donde abundan los *pubs*.

Festivales Las entradas para el **Festival Internacional de Edimburgo** y el **Edinburgh Festival Fringe** están muy cotizadas. Y las del **Royal Edinburgh Military Tattoo** siempre se agotan. Una vez se tengan las fechas claras, no hay que retrasar la compra.

PROPINAS

No son habituales, salvo cuando el servicio es muy bueno.

15%

Restaurantes y coctelerías
Por un buen servicio.

Inusual

Otros bares, 'pubs' y cafeterías

2-5 £ Taxis

Taxis
Según la duración del viaje

Inusual

Personal de hotel

PRESUPUESTO DIARIO

Económico Menos de 100 £

- Cama en dormitorio de albergue: **20-30 £**
- Comida económica en la Old Town: **15-20 £**
- Entrada a museos: **muchos son gratis**
- Bono diario de transporte público: **5 £**

Medio Entre 200-300 £

- Habitación doble con baño: **120-190 £**
- Cena de dos platos con vino: **80-120 £**
- Entrada a castillo/palacio: **20 £**
- Entrada a festival: **15-20 £**

Alto Más de 500 £

- Apartamento elegante o habitación doble en hotel lujoso: **desde 300 £**
- Cena en un buen restaurante: **200-300 £**
- Entrada al teatro: **40-60 £**
- Té de la tarde: **60-70 £**

Moneda
Libra esterlina (£)

Idioma
Inglés

Hora local
GMT

CONSEJO

Edimburgo no fue construida para el tráfico de vehículos, así que lo ideal es explorarla a pie. Se desaconseja conducir por la Old Town. Salvo que sea necesario, es mejor no alquilar un coche.

📅 Cuándo ir

Cualquiera que sea el momento del año escogido, la visita será fantástica, pero diferente. El tiempo es impredecible en la ciudad, así que se pueden vivir las cuatro estaciones en un día.

En Escocia suelen bromear diciendo que, el año pasado, hizo un verano estupendo: fue en miércoles. Es una exageración, pero tiene algo de cierto. Conviene ir preparado para todo tipo de tiempo. El invierno es frío, oscuro y a veces nieva; en pleno verano llueve más de lo que muchos creen. Para aumentar las posibilidades de tener buenos días de sol, conviene ir entre finales de abril y principios de junio o en septiembre. En verano suele llegar la *haar,* la niebla del mar del norte.

Grandes eventos

Diciembre/enero Si se recibe el Año Nuevo entre la multitud de Princes St se disfrutará de una gran fiesta callejera, el **Edimburgh's Hogmanay** (p. 41), con tres días de eventos que pueden acarrear una larga resaca.

Febrero/marzo Edimburgo es más de rugbi que de fútbol, y el Campeonato de las Seis Naciones es todo un acontecimiento que protagoniza varios fines de semana de primavera, especialmente cuando equipos como los de Inglaterra, Francia o Irlanda visitan el **estadio de Murrayfield** (p. 121). Esos fines de semana, el West End y Haymarket se llenan de seguidores llegados de todas partes.

Agosto El **Festival Internacional de Edimburgo** (p. 121) es algo espectacular y vale la pena comprar entradas con un año de antelación. Grandes nombres de la ópera, la música, el teatro y la danza se suben al escenario más grande del mundo, pero hay otros escenarios por toda la ciudad.

Clima

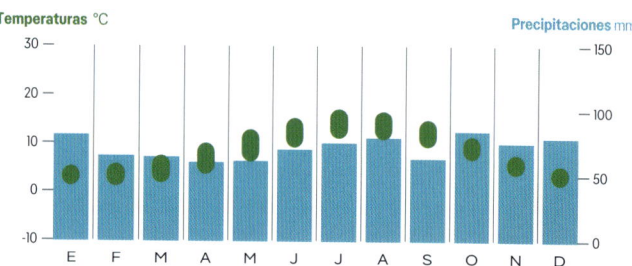

Temperaturas °C

Precipitaciones mm

IVICA DRUSANY/SHUTTERSTOCK ©

Edinburgh Festival Fringe (p. 62).

Agosto El programa del **Edinburgh Festival Fringe** (p. 62) incluye más de 3300 espectáculos y unas 51000 actuaciones repartidas por 260 escenarios, más de lo que nadie podría ver en toda su vida.

Música, historias y ciencia

Abril El **Edinburgh Science Festival** dura un mes y demuestra la vocación académica e innovadora de una ciudad apasionada por la educación y la ciencia.

Julio Sube la temperatura, y el **Edinburgh International Jazz &**

Blues Festival –principal festival de *jazz* del país– pone música al verano.

Agosto Llega el **Edinburgh Military Tattoo** (p. 58), que pinta la ciudad de rojo con sus fuegos artificiales, sus gaitas y tambores, y cientos de actuaciones internacionales.

Octubre El otoño trae el **Scottish International Storytelling Festival** (p. 58), en el que los escoceses hacen gala de su orgullosa tradición de la narración oral.

--- **CONSEJO SOBRE ALOJAMIENTO** ---

En diciembre y en agosto, coincidiendo con las fiestas y eventos más populares, los precios se disparan. Para alojarse en estas épocas conviene reservar con tiempo. En cualquier época, donde más caro sale dormir es en la Old Town y la New Town.

25

✈ Cómo llegar

La mayoría de los visitantes internacionales llegan en avión al aeropuerto de Edimburgo (EHI), 13 km al oeste del centro. Los que vienen de otros puntos del Reino Unido suelen llegar en tren a las estaciones de Waverley o Haymarket.

Del aeropuerto de Edimburgo al centro

En autobús

Los autobuses **Airlink 100** a St Andrew Sq, cerca de Princes St, salen cada 10 min entre 4.00 y 1.00 y tardan 30 min en llegar al centro. Los billetes cuestan 5,50/8 £ (ida/ida y vuelta) y se pueden comprar a bordo. Salen de enfrente de la terminal de llegadas. **Skylink 200/ Skylink 400** Estos servicios llevan al norte de la ciudad y a la Ocean Terminal/periferia este y Fort Kinnaird.

En tranvía

Los tranvías de Edinburgh Trams conectan la terminal de llegadas y Newhaven, al norte de la ciudad. Hacen 22 paradas, entre ellas Haymarket, West End y Princes St. Los billetes se pueden comprar al personal de la empresa o en las máquinas expendedoras junto a las vías. Los tranvías pasan cada 15-20 min, tardan 35 min en llegar al centro y 55 aprox. en llegar a Newhaven.

En taxi o VTC

Para llegar más rápido al centro se puede tomar un taxi de Central Taxis o City Cabs, o recurrir a una *app* de VTC como Uber. Sale más caro, pero se tardará de 20 a 40 min, según el destino. La zona de recogida también está frente a la terminal de llegadas. La carrera puede costar 25 £ o más.

Otros puntos de entrada

Estación de Waverley

La mayoría de los trenes de Escocia e Inglaterra llegan a la estación de Waverley, en el centro de la ciudad, donde se encontrarán paradas de taxi y de VTC para proseguir el viaje.

Edinburgh Gateway

Esta estación de trenes es la más moderna de Escocia y se creó para conectar el aeropuerto de Edimburgo con la red de ferrocarril y tranvías, y para quien quiera proseguir el viaje hacia otros puntos del país.

🚊 Cómo desplazarse

En comparación con otras muchas capitales, moverse por Edimburgo es facilísimo. Se puede llegar a pie a cualquier punto del centro, desde la Old Town a la New Town, y del West End a Stockbridge. Para lo demás, Lothian Buses y Edinburgh Trams ofrecen transporte a buen precio.

Autobús

Edimburgo es una ciudad de autobuses y son el medio más rápido para moverse por la ciudad. La mayoría pertenece a Lothian Buses, que cuenta con más de 50 líneas regulares que funcionan los siete días de la semana. Los de NightBus circulan desde las 24.00 hasta la madrugada. El principal centro de conexiones entre líneas es la estación de autobuses, junto a St Andrew Sq. Princes St, North Bridge, South Bridge y Haymarket cuentan con paradas de varias líneas.

La otra gran empresa de autobuses es First Bus, que cubre, sobre todo, la ruta entre el oeste de Edimburgo y el aeropuerto.

Tranvía

Hace unos años, los tranvías de Edinburgh Trams (arriba) eran de chiste, entre retrasos, billetes caros y un alcance limitado. Pero hoy, la línea oeste-este, que va del aeropuerto de Edimburgo a Newhaven, está perfectamente integrada en la ciudad. Se habla de una nueva línea de norte a

DESDE IZDA.: NITCHAKUL SANGPETCHARAKUN/SHUTTERSTOCK ©, MAX BLINKHORN/GETTY IMAGES ©

'APP' ESENCIAL

Lothian Buses permite planificar los trayectos y ofrece billetes integrados para toda la red de Lothian y Edinburgh Trams.

sur, pero de momento el tranvía es el recurso más útil para viajar al estadio de Murrayfield y a Haymarket, así como a Leith y a la Ocean Terminal, al norte de la ciudad. El billete es más caro que el del autobús y la frecuencia de paso menor, pero aun así resulta atractivo por su novedad.

Tren
Edimburgo cuenta con dos estaciones centrales: Waverley (foto) y Haymarket, más útiles para llegar y salir de la ciudad que para explorar sus barrios.

Turismo sostenible
En Edimburgo hay muchas colinas, pero su reducido tamaño permite recorrerla a pie o en bici. Solo hay que ponerse calzado cómodo e impermeable, casco, y echarse a la calle. El número de carriles-bici va en aumento, pero sigue siendo reducido para moverse libremente –y con seguridad– por el centro.

Taxis y VTC
En la ciudad abundan los taxis y los VTC, de empresas como Uber o Lyft. Resultan prácticos cuando se alarga la noche y escasean los autobuses.

Transporte público

DAYTicket y LATEticket
Lothian Buses ofrece un bono diario a buen precio, que se puede comprar a bordo o en internet *(5/2,50 £ adultos/niños),* válido para todas las líneas hasta las 23.30. El bono LATEticket permite viajar en autobuses diurnos y nocturnos entre 18.00 y 4.30. El Family DAYTicket sale aún más a cuenta: es válido para dos adultos y tres niños y cuesta 10,50 €.

RICHIE CHAN/SHUTTERSTOCK ©

Ridacard
Si se va a pasar más tiempo en la ciudad y se prevé usar el transporte público con frecuencia, la Ridacard sale muy a cuenta. Este pase cubre todos los autobuses de Lothian

Buses, los servicios nocturnos, los del aeropuerto y los tranvías de Edinburgh Trams (todas las zonas) y se presenta en forma de Advance Pass de una o cuatro semanas *(22/66 £ por adulto, 11/33 £ por niño).* Solo se pueden comprar en el **TravelHub** de Lothian Buses, en Waverley Bridge, o en Shandwick Pl.

Tarifas máximas diaria y semanal

Para viajar en los autobuses de Edimburgo solo hay que acercar la tarjeta o el móvil al lector cada vez que se use un autobús de Lothian Buses y se deducirá automáticamente la tarifa de adulto más barata para el recorrido en cuestión, hasta un máximo diario de 4,80 £ por día.

PRECIOS

Autobús
Sencillo adulto 2 £

Tranvía
Sencillo adulto 2 £

DAYTicket
Adulto 5 £

PAGO EN EFECTIVO

Los conductores solo aceptan el importe exacto.

BILLETES

Medio	Tipo de billete	Coste
autobús	sencillo adulto	2 £
autobús	nocturno adulto	1 £
tranvía	sencillo adulto	2 £
tranvía	nocturno adulto	5 £
tranvía	adulto 3/5 días zona urbana	10/15 £

A/DESDE EL AEROPUERTO

Autobús Sencillo adulto 5,50 £

Autobús Adulto vuelta abierta 8 £

Tranvía Sencillo adulto 7,50 £

Tranvía Adulto vuelta abierta 9,50 £

🎁 Otra cara de Edimburgo

Un viaje al salvaje Oeste, misteriosos fantasmas y extraños secretos: si se presta atención se verá que Edimburgo está llena de sorpresas.

Su excelencia el pingüino

El general mayor sir Nils Olav III, barón de las islas Bouvet, no es un pingüino cualquiera. Vive en el **zoo de Edimburgo** (p. 121) y es uno de los animales de mayor rango del mundo. Todo empezó en la década de 1960, cuando invitaron a la Guardia Real noruega a participar en el Royal Edinburgh Military Tattoo. Un teniente, llamado Nils Egelien, mostró un interés especial en la colonia de pingüinos del zoo. Una década más tarde, cuando volvió la Guardia Real, Egelien consiguió que el regimiento adoptara a uno de los pingüinos. El ave fue bautizada con el nombre de Nils Olav, y cada vez que los noruegos vuelven a la ciudad es ascendido de rango. De momento, el rango ha pasado por tres pingüinos rey y actualmente Nils Olav III es el comandante general de la Guardia Real noruega.

Cementerio de mascotas

El skye terrier **Greyfriars Bobby** (p. 54) se lleva todo el protagonismo, pero no es el único perro al que se rinden honores. En el **castillo de Edimburgo** (p. 40) se pueden ver las 20 pequeñas lápidas del **cementerio militar de perros** (p. 42), uno de los rincones más curiosos del recinto.

El salvaje Oeste

Los vecinos de Morningside han estado en el salvaje Oeste. Junto a **Morningside Road** (p. 161), al lado de los Springvalley Gardens, se encontrará un callejón donde John Wayne no desentonaría. Se creó para un almacén que vendía muebles rústicos al estilo de Nuevo México e incluye un falso *saloon,* cárcel y cantina.

FUERA DE RUTA

Visitar al **médico de la peste** en el **Real Mary King's Close,** donde también se hallarán regalos relacionados con la peste. (p. 44)

Ver a la **oveja Dolly** (disecada), primer animal clonado de la historia, en el **National Museum of Scotland.** (p. 46)

Visitar la **Library of Mistakes,** una biblioteca donde descubrir los errores más catastróficos del capitalismo. (p. 119)

Buscar las figuritas de los asesinos **Burke y Hare** en el **National Museum of Scotland.** (p. 46)

N. ROTTEVEEL/SHUTTERSTOCK ©

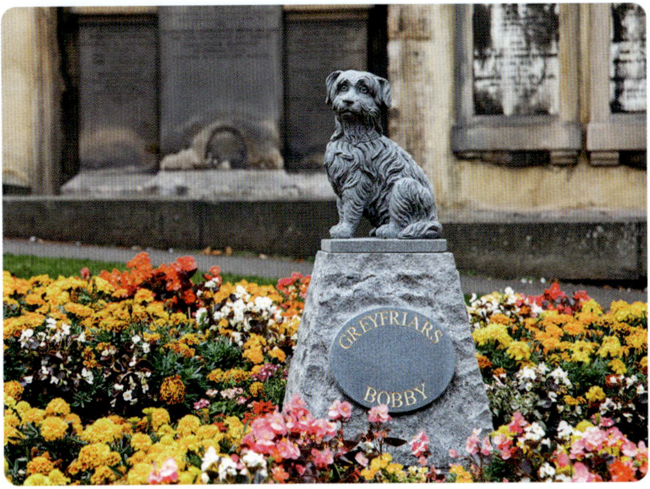

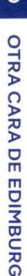

Estatua de Greyfriars Bobby (p. 54).

PAUL DAKERS/SHUTTERSTOCK ©

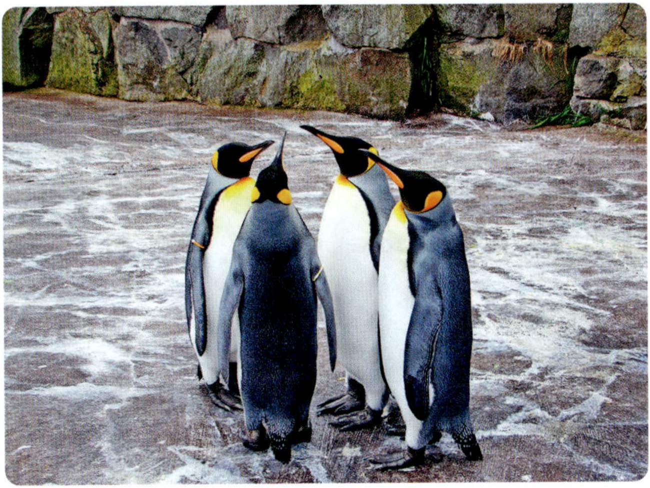

Pingüinos emperador, zoo de Edimburgo (p. 121).

Explora Edimburgo

Circuitos a pie

Merece la pena

Vista de la ciudad desde Calton Hill (p. 97).
RICHIE CHAN/SHUTTERSTOCK ©

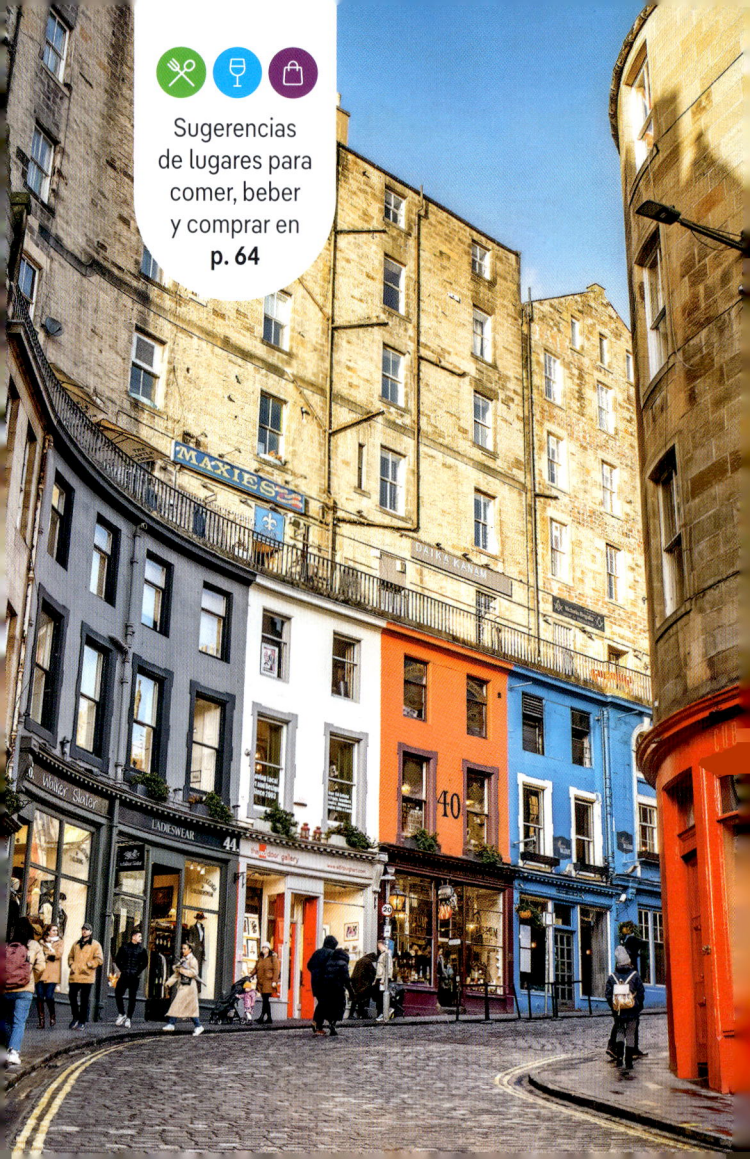

Sugerencias de lugares para comer, beber y comprar en **p. 64**

Explora
Old Town

La Old Town es lo mejor de la ciudad, y hace realidad los sueños de cualquiera que busque la Edimburgo más regia, medieval o incluso fantástica. Cada torre y cada edificio cuentan la historia de la época en que se construyeron. El resultado es un contraste arquitectónico y un paisaje urbano variopinto que va de los edificios góticos a estructuras más modernas convertidas en hoteles, casas de alquiler vacacional, restaurantes, bares y tiendas de recuerdos, mezclando lo histórico con lo actual, en lo que será la gran atracción del viaje.

Cómo desplazarse

 Tren
La estación de Waverley está bajo el North Bridge, y desde su salida sur, en Market St, el corazón de la Old Town queda a 5 min cuesta arriba.

 **Autobús**
Los autobuses Lothian 9, 23 y 27 cubren el trayecto entre el Mound y George IV Bridge, cruzando la Royal Mile por su extremo norte, junto a la catedral de St Giles. La línea 35 recorre la parte inferior de la Royal Mile, entre el South Bridge y el palacio de Holyroodhouse.

LO MEJOR

HISTORIA REAL
Castillo de Edimburgo
(p. 40)

ENTRE FANTASMAS
Real Mary King's
Close (p. 44)

HISTORIA CELTA
National Museum
of Scotland (p. 46)

DE FIESTA
Edinburgh Festival
Fringe (p. 62)

LA MAGIA DE HARRY POTTER
Greyfriars Kirkyard (p. 53)

Old Town.
JENNIFER SOPHIE/GETTY IMAGES ©

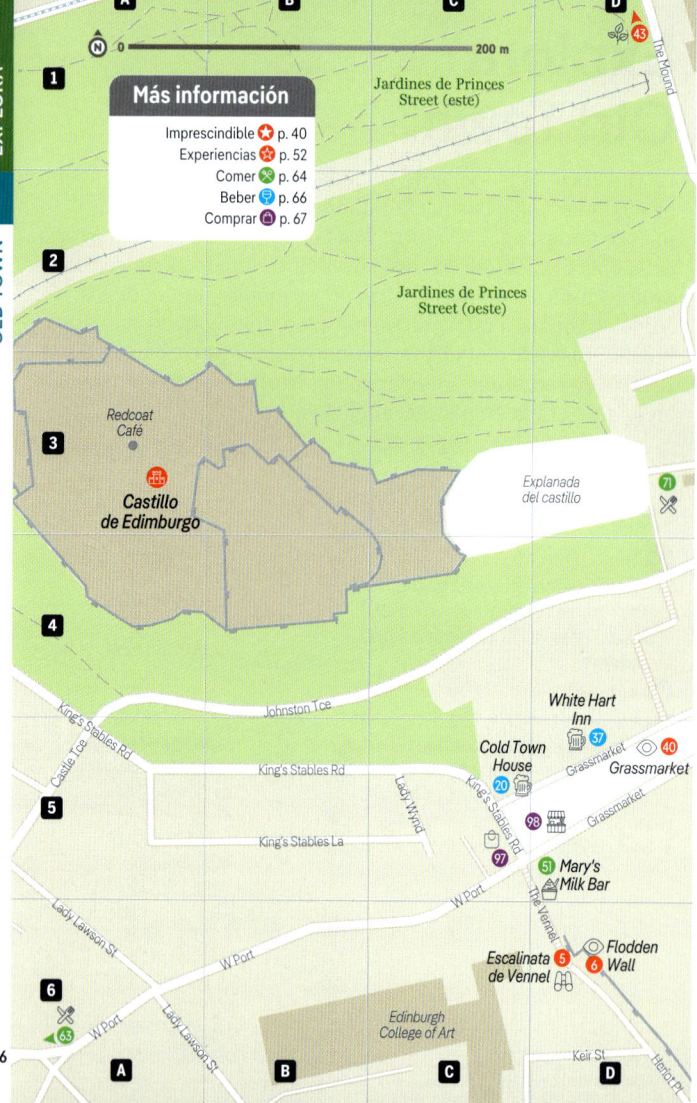

A **B** **C** **D**

1

N 0 ————————————— 200 m

Jardines de Princes Street (este)

The Mound

43

Más información

Imprescindible ⭐ p. 40
Experiencias 🌟 p. 52
Comer ❌ p. 64
Beber 🍷 p. 66
Comprar 🔒 p. 67

2

Jardines de Princes Street (oeste)

3

Redcoat Café

🏛 **Castillo de Edimburgo**

Explanada del castillo

71

4

Johnston Tce

King's Stables Rd

Castle Tce

White Hart Inn

37

Cold Town House

20

Grassmarket

40

Grassmarket

5

King's Stables Rd

Lady Wynd

King's Stables La

King's Stables Rd

98

Grassmarket

97

51 Mary's Milk Bar

Lady Lawson St

W Port

The Vennel

6

Lady Lawson St

W Port

Escalinata de Vennel 5

Flodden Wall 6

63

W Port

Edinburgh College of Art

Keir St

Heriot Pl

A **B** **C** **D**

Scottish
National
Gallery

Jardines de Princes
Street (este)

Market St

Milkman
29
27
39

Cockburn St

Underground
Solution

Malt
Shovel Inn

City Chambers

The Mound

Museum on
the Mound
55

Devil's
Advocate
24

**Real Mary
King's Close**

N Bank St

St Giles St

St Giles St

66

Writers'
Museum

69

High St (Royal Mile)
92

62

Catedral
de St Giles
1

Mercat
Tours
10

33

Mercat
Cross

Mound Pl

Mound Pl

Milne's Ct

James Ct

Bank St

4

Gladstone's
Land
15

Lawnmarket

70

Sigue en
pp. 38-39

Camera Obscura
& World
of Illusions

85

Ramsay La

Castlehill

3

Festival
Internacional de
Edimburgo
44

Riddles
Court
34

Victoria
Terrace
36 **67**

Victoria Tce

Victoria St

72

George IV Bridge

National
Library of
Scotland

2
Scotch Whisky
Experience

78
59

35 Victoria
Street

Johnston Tce

96
38
Bow Bar

W Bow

94

Cowgate

Last
Drop
41

80

Grassmarket

Grassmarket

Cowgatehead

53 W Armstrong
& Son

Bongo
Club
48

Cowgate

45 Sneaky
Pete's

The
Outsider
16

Candlemaker Row

90

Merchant St

George IV Bridge

Sheriff
Court

Chambers St

Heriot Bridge

7
Greyfriars
Kirkyard

City of
the Dead
Tours
11

National
Museum of
Scotland

9 Estatua de
Greyfriars Bobby

Bristo Port

8
Greyfriars
Kirk

Alandas
Gelato **53**

Sandy
Bell's
12

Forrest Rd

Bristo Pl

George
Heriot's
School

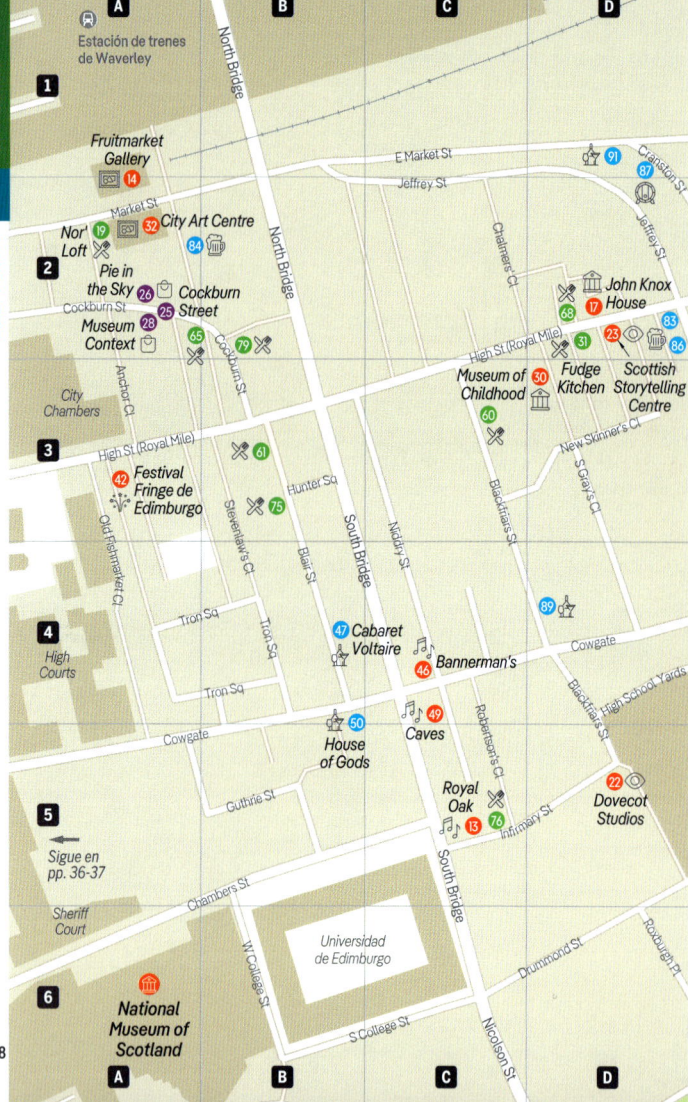

A **B** **C** **D**

1

Estación de trenes de Waverley

North Bridge

Fruitmarket Gallery 14

E Market St

91 87

Cranston St

Jeffrey St

Market St

Nor' Loft 19 32 City Art Centre

84

2

Pie in the Sky 26 Cockburn Street

Cockburn St 25

Museum Context 28

65 79

North Bridge

Chalmers' Ct

John Knox House 68 17

High St (Royal Mile) 31 23 83 86

Scottish Storytelling Centre

Museum of Childhood 30 Fudge Kitchen

60

City Chambers

Anchor Cl

High St (Royal Mile) 61

3

Festival Fringe de Edimburgo 42

75

Hunter Sq

Stevenlaw's Ct

Blair St

South Bridge

Niddry St

Blackfriars St

New Skinner's Cl

S Gray's Cl

Old Fishmarket Cl

Tron Sq

Tron Sq

Tron Sq

89

4

High Courts

47 Cabaret Voltaire

46 Bannerman's

Cowgate

Cowgate

Robertson's Cl

Blackfriars St

High School Yards

50

House of Gods

49 Caves

5

Sigue en pp. 36-37

Guthrie St

Royal Oak 13 76

Infirmary St

22 Dovecot Studios

Sheriff Court

Chambers St

W College St

S College St

Universidad de Edimburgo

South Bridge

Drummond St

Nicolson St

Roxburgh Pl

6

National Museum of Scotland

A **B** **C** **D**

E **F** **G** **H**

New St

Sibbald Walk

E Market St

Canongate Kirkyard

54

People's Story

16

Canongate (Royal Mile)

82

21

Museum of Edinburgh

1

New St

Cranston St

93

57

Wyrd Shop

56

Cadenhead's Whisky Shop

Bakehouse Ct

2

Chocolatarium

52

73

Canongate (Royal Mile)

74

St John St

Holyrood Rd

3

95 77

St Mary's St

Viewcraig St

64

88

Holyrood Rd

4

Viewcraig Gdns

Pleasance

St John's Hill

Viewcraig Gdns

Campus Universidad de Edimburgo

Pleasance Sports Centre

5

Drummond St

Más información

Imprescindible ⭐ p. 40
Experiencias 🎇 p. 52
Comer ❌ p. 64
Beber 🍷 p. 66
Comprar 🛍 p. 67

6

Pleasance

E Adam St

N 0 ————————— 200 m

E **F** **G** **H**

Castillo de Edimburgo

En lo alto de un risco, el castillo de Edimburgo parece salido de una historia de fantasía y su interior alberga sorpresas como las Honours of Scotland, las joyas más antiguas de Gran Bretaña. Es la atracción más popular de la ciudad y en las vistas guiadas se recrean algunas de sus macabras anécdotas.

PLANO: P. 36 **A3**

CONSEJO PARA LA VISITA
No conviene ir tarde, pues al menos harán falta 2 h para verlo todo.

Escanea este código QR para ampliar información y comprar entradas.

Historia medieval

El castillo de Edimburgo es una de las fortificaciones más antiguas de Europa: los hallazgos arqueológicos indican que el negro risco de origen volcánico **Castle Rock** se usó desde la Edad de Hierro. En ese período, al encontrarse en la ruta hacia el norte de los invasores de Inglaterra, se inició la construcción de un fuerte estratégico.

Hacia el s. XII, el fuerte ya había sido reconstruido y ampliado, y se convirtió en la residencia real de Malcolm III y en centro de influencia política y religiosa. Como muchos otros castillos escoceses, fue saqueado y tomado en diversas ocasiones, hasta convertirse en la plaza más sitiada de la historia de Gran Bretaña.

Explanada y portal de entrada

Al final de la Royal Mile se abre la **explanada** del castillo, plaza de armas que data de 1753, con una espléndida panorámica de la ciudad. Este imponente escenario albergó la primera exhibición de fuegos artificiales del país y cada año acoge el estruendoso espectáculo de tambores

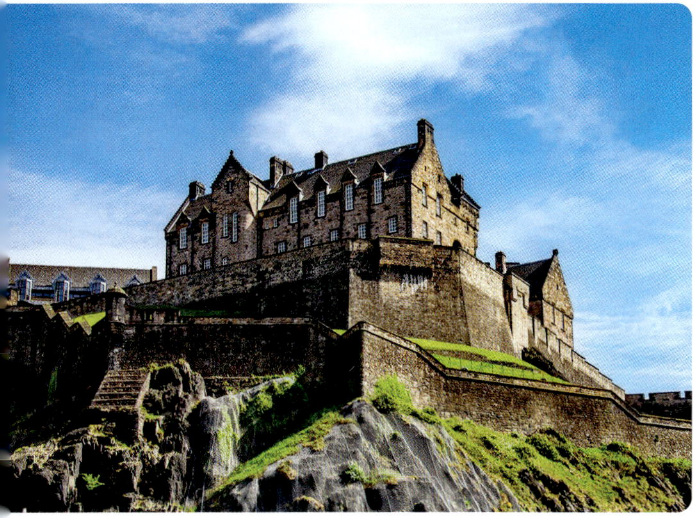

GREIG GALLAGHER/SHUTTERSTOCK ©

y gaitas del **Royal Edinburgh Military Tattoo** y el **Edinburgh's Hogmanay.**

Sobre el **portal de entrada,** flanqueado por estatuas de los héroes escoceses Roberto I y William Wallace, se ve el estandarte real de Escocia, un león rampante sobre campo dorado. Debajo se lee el lema real escocés, en latín: *Nemo me impune lacessit,* a modo de bienvenida y como advertencia: "Nadie me ofende impunemente". ¿Son o no acogedores los escoceses?

Cañón One O'Clock

Al entrar en el castillo y pasar bajo la Portcullis Gate, del s. xvi, y la torre Argyle, se verá el **cañón One O'Clock** sobre la almena en curva. Siguiendo la tradición, este cañón de 105 mm

UNA PAUSA

Hay dos cafeterías en el castillo: en el **Redcoat Café** sirven sopas, bocadillos, tentempiés y bebidas calientes, pero también cerveza, vino y licores.

CEMENTERIO DE PERROS

En el curioso cementerio donde se entierran desde la década de 1840 los perros de los oficiales y las mascotas del regimiento, destacan las tumbas de *Dobbler* y *Winkle*.

se dispara a diario (salvo en domingo, el día de Navidad y el Viernes Santo) desde la Mills Mount, lo que puede causar un buen susto a los visitantes que no lo sepan, igual que a los que pasan por los jardines de Princes Street.

St Margaret's Chapel y Mons Meg

Subiendo por la Foog's Gate hasta la parte más alta de Castle Rock, el pavimento adoquinado lleva hasta la estructura más antigua que se conserva en Edimburgo, la minúscula **capilla de St Margaret,** construida por David I hacia 1130 en memoria de su madre.

Cerca se halla el **Mons Meg,** un cañón de asedio de 6 toneladas que podía disparar balas de

Castillo de Edimburgo

Jardines de Princes Street (oeste)

Ladera del castillo

Cañón One O'Clock

Redcoat Café

Batería Argyle

Cementerio de mascotas

Portcullis Gate y torre Argyle

National War Museum

Mons Meg

Tienda

St Margaret's Chapel

Casa del Gobernador

Taquilla

Explanada del castillo

Cuarteles nuevos

Foog's Gate

Monumento a los Caídos de Escocia

Entrada

Royal Scots Museum

Crown Square

Batería Half Moon

Prisión

Exposición "Prisiones de guerra"

Gran Salón

Palacio Real

King's Stables Rd

Johnston Tce

150 kg a 3 km de distancia. En ocasión del matrimonio de María Estuardo se disparó una bala que aterrizó en lo que hoy es el Royal Botanic Garden.

Gran Salón

Todos los caminos llevan a Crown Sq, punto de entrada a muchas de las atracciones imprescindibles del castillo. Primero se pasa bajo el techo jabalconado y las ménsulas de piedra del **Gran Salón,** donde Jacobo IV celebraba sus ceremonias oficiales, para luego ver el **Palacio Real,** donde nació el que fue primer monarca de Escocia e Inglaterra.

Honours of Scotland

En el interior de las **estancias reales** está el dormitorio donde María Estuardo, reina de Escocia, dio a luz a Jacobo IV, pero también es el lugar donde se encuentran las **Honours of Scotland,** las joyas de la corona más antiguas de Europa que se conservan, con la corona de Escocia, el cetro y la espada del Estado.

Tras la Ley de Unión de 1707, estos tesoros se guardaron en un arcón y cayeron en el olvido. Gracias a la determinación del novelista e historiador sir Walter Scott se hallaron más de un siglo después.

UN FESTÍN DIGNO DE UN REY

Las suntuosas **Tea Rooms,** junto a Crown Sq, sirven el té al estilo tradicional, con pastelillos, *scones,* sándwiches y burbujas opcionales. Es imprescindible reservar.

★ **IMPRESCINDIBLE**

Real Mary King's Close

El Real Mary King's Close es un laberinto de callejuelas que quedaron sepultadas en el s. XVIII con la construcción de las City Chambers, una cápsula del tiempo de lo que fue Edimburgo en otro tiempo y destino predilecto de los amantes de las historias de fantasmas.

PLANO: P. 37 **H2**

CONSEJO
Para hacer el recorrido hay que subir y bajar muchos escalones (58 de bajada, 38 de subida), así que no es apto para visitantes con limitaciones de movilidad.

Historia en desarrollo

El Real Mary King's Close se encuentra en la Royal Mile, frente a la catedral de St Giles, y es un conglomerado de callejones del s. XVII al que solo se puede llegar a través de una escalera de piedra que da acceso a los restos de antiguos talleres, cámaras abovedadas y plantas bajas de residencias privadas.

La visita

El recorrido dura 1 h, conducido por estudiantes de teatro vestidos de época. Es como retroceder al s. XVII, oyendo historias de fantasmas y bromas algo trilladas.

La historia es impresionante (María Estuardo pasó aquí una noche; los últimos habitantes del lugar no se fueron hasta 1902), y la visita tiene un punto macabro, especialmente al pasar por las inquietantes **salas de cuarentena.** Las luces tiemblan, se oye el eco de las voces y en el aire flota el polvo y el olor a piedra, a crin de caballo y a madera vieja y yeso.

La peste negra y el rincón de Annie

Después de explorar varias salas, una vaqueriza y parte del olvidado **Stewart's Close,** donde vivieron los habitantes más pobres, la visita desvela historias reales relacionadas con la peste neumónica y la peste bubónica, que diezmaron la población de la Old

Escanea este código QR para ampliar información y reservar.

44

JONATHAN SMITH/LONELY PLANET ©

Town en 1645. Se conocerá al **médico de la peste** (un curioso tipo con aspecto de pingüino) y, hacia el final del recorrido, a **Annie,** una niña solitaria de 4 años que, según dicen, es el fantasma más activo de estas calles subterráneas. Algunos visitantes le dejan muñecas y hasta pulseras de cuentas de Taylor Swift.

Mary King's Close

Antes de volver a la superficie se pasa por el sugestivo **Mary King's Close** propiamente dicho. Se estará cuatro pisos por debajo de las imponentes **City Chambers,** entre desvencijadas casas de vecinos que aún conservan las cuerdas de tender la ropa y que dan la sensación de haberse detenido en el tiempo hace 250 años.

ACCESIBILIDAD
El recorrido no es apto para claustrofóbicos y, al seguir la antigua estructura, tampoco para sillas de ruedas. No se permite el acceso a menores de 5 años.

National Museum of Scotland

La visita al National Museum of Scotland es de lo más enriquecedora y permite viajar por la historia y la cultura moderna de Escocia. Sus cinco plantas y múltiples galerías, que se extienden también por el luminoso vestíbulo, contienen 20 000 piezas y tocan todos los temas.

PLANO: P. 38 **A6**

CONSEJO
Harán falta al menos 2 h para visitar las galerías, preferiblemente a primera hora de la mañana o última de la tarde, para estar más tranquilos.

Escanea este código QR para planificar la visita.

Orígenes del museo

El **Edinburgh Museum of Science and Art** nació en 1854 como colección de historia natural y abrió sus puertas en 1866, convirtiéndose en el primer edificio público de Escocia. Su millar de ventanas, su majestuosa entrada en Chambers St y la multitud de galerías, que reflejan los ideales victorianos de educación, le dan una grandeza aún visible.

Lo que quería ofrecer, sobre todo, era una visión global del mundo en pequeña escala, con muestras que van de las antigüedades egipcias a hallazgos arqueológicos o exposiciones de historia natural con animales disecados. A pesar de su cambio de identidad, sigue siendo un escaparate de las culturas del mundo, el diseño, la moda, la ciencia y la tecnología.

Grand Gallery

Nada más entrar se pasará junto a una escultura de bronce del arquitecto William Henry Playfair, que diseñó la New Town y muchos de los majestuosos edificios neoclásicos de la ciudad, para pasar a lo que antes era el sótano del museo. Subiendo

M.PAKATS/SHUTTERSTOCK ©

las escaleras se llegará a la **Grand Gallery,** inspirada en el Crystal Palace de Londres, edificio de hierro forjado y cristal diseñado para la primera Exposición Universal, a mediados del s. XIX. Es algo entre un hangar gigantesco y una cápsula del tiempo con balcones, y contiene desde huesos de cachalote hasta piezas de cerámica, esqueletos de animales, una bicicleta de cuatro asientos y la lente de un faro del s. XIX. Es como una cueva del tesoro.

Torre del reloj Millennium

Entre tanta historia, una de las cosas que más llama la atención es esta muestra contemporánea, obra de un equipo de artistas internacionales. La **torre del reloj Millennium** es una maravilla mecánica de aspecto medieval que refleja la eterna fascinación de los europeos por las esculturas cinéticas y los relojes

UNA PAUSA
En el **Balcony Cafe** se pueden comprar sándwiches, pastas, almuerzos infantiles y bebidas calientes. El **Museum Kitchen,** en la planta baja, es una alternativa más tranquila, con *pizzas* y ensaladas.

VISITA GUIADA
El museo ofrece visitas guiadas por conservadores, para ver la muestra y cómo funciona el museo. Es posible apuntarse a una visita a puerta cerrada, previa reserva.

astronómicos. Pretende mostrar lo mejor y lo peor de la humanidad y a cada hora cobra vida, presentando unas figuras mágicas y unos esqueletos que mueven los engranajes y hacen sonar las campanas. Es como un enorme reloj de cuco, pero capaz de asustar a los más pequeños.

'Natural World'

La mayor parte del ala este la ocupan varias galerías que trazan una línea cronológica desde los trilobites hasta las tarántulas, explorando a la vez el lugar que la Tierra ocupa en el universo y las fuerzas que dan forma al planeta. A los pies del esqueleto de un **'Tyrannosaurus rex'** se extiende una magnífica variedad de animales

ULMUS MEDIA/SHUTTERSTOCK ©

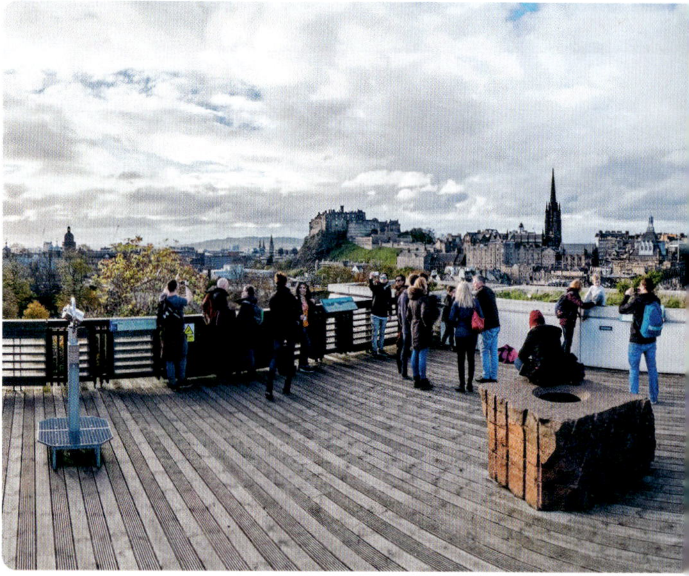

disecados que corren, saltan y vuelan compitiendo por atraer la atención del visitante.

Grandes inventos

Escocia ha sido la cuna de grandes inventores y tiene una larga historia de descubrimientos tecnológicos en su haber, algo que ha capitalizado el museo, dedicando seis galerías interactivas a la ciencia y la tecnología: luces que parpadean, brazos robóticos, el zumbido de un globo aerostático y el rugido de un motor de Fórmula 1... Lógicamente, es la sección que más gusta a las familias.

Entre lo más destacado está la **oveja Dolly** –en su día, la más famosa del mundo, al ser el primer mamífero clonado a partir de una célula adulta– y la galería de telecomunicaciones, con mención especial para **Alexander Graham Bell,** el inventor del teléfono.

Historia escocesa

Es imposible explicar la historia de Escocia en un par de horas, pero las laberínticas galerías de historia y arqueología escocesas lo intentan. Ocupan la ampliación más reciente del museo y cuentan la historia de pictos, celtas y romanos hasta llegar a la Ley de Unión de 1707, cuando nació el Reino Unido de la Gran Bretaña.

Entre lo más destacado están el **arpa de María Estuardo,** el juego de pícnic de Carlos Eduardo Estuardo y el **relicario Monymusk,** un pequeño cofre de plata que Roberto I llevó a la batalla de Bannockburn en 1314. Los amantes de Harry Potter querrán buscar el **ajedrez de Lewis,** del s. XII, una de las piezas nórdicas más impresionantes halladas en Gran Bretaña; sirvió de inspiración para la famosa partida de ajedrez de *Harry Potter y la piedra filosofal.*

EN LA AZOTEA
No todas las piezas del museo se guardan bajo llave. Subiendo las escaleras desde la 5ª planta o tomando el ascensor hasta la azotea (izda.) se podrá disfrutar de una panorámica de la ciudad de 360°. Es un lugar estupendo para hacer un pícnic improvisado en familia, si hace buen tiempo.

CIRCUITO A PIE

Paseo por la Old Town

La calle más famosa de Edimburgo, la extraordinaria Royal Mile, conecta muchas de sus mejores atracciones. Recorrerla de un extremo al otro puede llevar menos de 1 h, pero es más larga de lo que hace pensar su nombre: en realidad, son 1,13 millas (1,81 km) para ir descubriendo importantes edificios y deliciosos recovecos.

INICIO	FINAL	DURACIÓN
Castillo de Edimburgo	Palacio de Holyroodhouse	1,81 km; 1-2 h

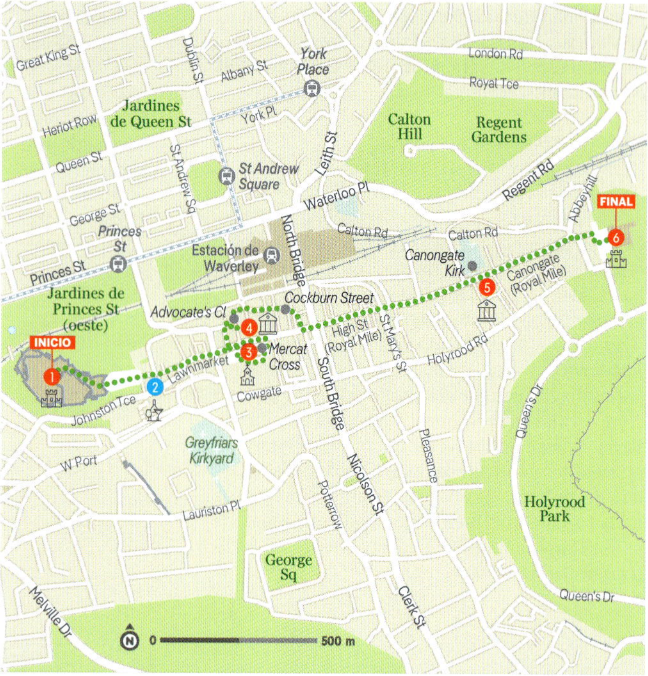

❶ El castillo en el cielo

Desde lo alto del **castillo de Edimburgo** (p. 40), hay unas vistas espléndidas de la Old Town. Es un lugar estupendo para iniciar este paseo cuesta abajo. Desde las almenas del norte también hay buenas vistas de la New Town y del estuario del Forth.

❷ ¿Una copita?

Nunca es demasiado pronto, así que se puede bajar de la explanada y entrar en la **Scotch Whisky Experience** (p. 52) para hacer una visita guiada o una cata. Ya con el paso más alegre, se puede girar a la izquierda y seguir Castlehill, pasando junto al campanario neogótico, para contemplar las ventanas ojivales y los vitrales de la **Tolbooth Kirk,** una de las sedes del Festival Internacional de Edimburgo.

❸ La catedral

Siguiendo Lawnmarket, con sus tiendas de *kilts* y sus molinos de madera, se llega a Parliament Sq, al mosaico Heart of Midlothian y a la **catedral de St Giles** (p. 52), el edificio religioso más importante de Escocia. Después de echarle un vistazo, se rodea la plaza, pasando junto al Tribunal Supremo, hasta la **Mercat Cross** (p. 60), una columna medieval coronada por un unicornio, emblema nacional del país.

❹ Bajo tierra

Llega el turno de los callejones más intrigantes de la Old Town, sumergiéndose en el subsuelo de High Street para recorrer el **Real Mary King's Close** (p. 44), y luego quizá visitar Advocate's Close, que discurre hacia el norte hasta **Cockburn Street** (p. 59), un lugar ideal para parar a tomar un café.

❺ Algo de historia

Ya de vuelta en la Royal Mile, se admira la **John Knox House** (p. 56) y se sigue por Canongate para ver más monumentos del s. XVI. Se puede visitar el **Museum of Edinburgh** (p. 57) y, enfrente, el **Canongate Kirkyard** (p. 63), lugar de reposo eterno de lo más granado de la ciudad. En el exterior se verá la estatua de Robert Fergusson, poeta ilustrado escocés.

❻ Del rey y del pueblo

Al final de la calle, frente al **Parlamento escocés** (p. 74) se halla el **palacio de Holyroodhouse** (p. 72). Ambos edificios compiten tanto en arquitectura como en vocación política, pero son una buena representación de la Escocia del presente y del pasado.

EXPERIENCIAS

Visita a St Giles

CATEDRAL

PLANO: **1** P. 37 **H2**

Entre las altas torres de la Old Town destaca el chapitel de la "iglesia madre" de Escocia, en plena Royal Mile. El edificio original fue construido por David I en 1124, pero apenas quedan vestigios. Lo que queda es el producto de una serie de restauraciones y reformas realizadas entre los ss. XV y XIX.

Con 1 h bastará para recorrer la historia de **St Giles** (*stgilescathedral.org.uk; gratis, donativo sugerido 6 £*). El edificio es, en su mayoría, neogótico, y entre lo más destacado están los vitrales y la **Thistle Chapel,** capilla construida en 1911 para la Antiquísima y Nobilísima Orden del Cardo. Vale la pena alzar la vista para contemplar las tallas en piedra y encontrar a los tres ángeles que tocan la gaita.

Así se bebe el 'scotch'

'WHISKY'

PLANO: **2** P. 37 **E3**

No hay que preocuparse si no se conocen las reglas básicas para tomar la bebida nacional de Escocia como mandan los cánones (pista: no hace falta echar Coca-Cola). Para probar una de las mejores selecciones de *whiskies* de malta de la ciudad, solo hay que ir al extremo oeste de la Royal Mile, a los pies del castillo de Edimburgo, y dedicar 1 o 2 h a la relajante

Scotch Whisky Experience

(*scotchwhiskyexperience.co.uk; 23/10 £ adultos/niños*).

En el interior del edificio, en su día usado como escuela, hay un restaurante, un elegante bar y una muestra que explica todo el proceso, de la cebada a la botella. Es impresionante ver lo que se puede hacer con agua y cereales machacados, especialmente cuando se ve la extraordinaria bodega con más de 3384 botellas de *scotch* de primera. La excusa perfecta para venir a tomarse una copa mañanera es el **Día Mundial del Whisky** (el 3er sábado de mayo) o el día de San Andrés (30 de noviembre). *Slàinte Mhath!* (¡Salud!)

Visiones imposibles en la Camera Obscura

ILUSIONES ÓPTICAS

PLANO: **3** P. 37 **E3**

La atracción más antigua de la ciudad, al final de la Royal Mile, recibe visitas desde 1853. Este edificio en forma de torre, hoy lleno de instalaciones de ilusiones ópticas, rompecabezas interactivos y trucos para la mente, contiene la **Outlook Tower,** con espléndidas vistas de la ciudad, y la histórica **Camera Obscura** (*camera-obscura.co.uk; 22,95/17,95 £ adultos/niños*), un ingenio precursor del cine que usa un juego de lentes y espejos para reflejar y proyectar imágenes sobre una mesa. Es muy popular, así que conviene ir a primera hora.

Visita a los grandes de la literatura

MUSEO

PLANO: **4** P. 37 **F2**

Si se piensa en historias sobre Escocia, los grandes nombres que primero vienen a la cabeza son Robert Louis Stevenson, Robert Burns y sir Walter Scott. Estos escritores hicieron mucho por dar a conocer el país a los amantes de la literatura y la poesía, y el **Writers' Museum** *(edinburghmuseums.org.uk; gratis, donativo recomendado 3 £),* escondido en Lady Stair's Close, es un homenaje a su vida y su legado.

En 1 h se podrán ver sus primeras ediciones, tinteros, retratos, efectos personales, una prensa de impresión y el escritorio de Burns. En el exterior, en Makars' Court, está el equivalente escocés del Paseo de la Fama de Hollywood, con losas en el suelo que recuerdan a grandes escritores. No es de extrañar que la UNESCO

LA FOTO PERFECTA DEL CASTILLO

Cruzando **Grassmarket** (p. 61) hacia el sur, se encontrará una escarpada escalinata conocida como **Vennel** (PLANO: **5** P. 36 **D6**), que en escocés antiguo significa "pasaje". Desde lo alto se disfrutará de una vista sublime del castillo. Junto al Vennel está la **Flodden Wall** (PLANO: **6** P. 36 **D6**), uno de los pocos fragmentos que sobreviven de la muralla del s. XVI, construida para repeler a los invasores ingleses.

nombrara a Edimburgo la primera Ciudad de la Literatura del mundo.

Incursión en el Greyfriars Kirkyard

CEMENTERIO

Hay quien dice que el **Greyfriars Kirkyard** (PLANO: **7** P. 37 **F5**; *greyfriarskirk.com; gratis*) es el cementerio con más fantasmas del mundo, pero eso le hace un flaco

LOS MUCHOS NOMBRES DE LA ROYAL MILE

La histórica **Royal Mile** es la vía más importante de Edimburgo y, sin embargo, tiene cuatro tramos con nombres diferentes, lo que puede resultar confuso: Castlehill, Lawnmarket, High St y Canongate. Las imponentes murallas de **Castlehill** dan paso a **Lawnmarket,** antiguo mercado de telas del s. XVIII donde se encuentran las viviendas más caras de la ciudad. Hacia el este está **High Street,** esencia de la antigua Edimburgo, con la catedral y los juzgados, y más allá empieza **Canongate,** llamada así en recuerdo de los monjes agustinos que vivían allí en el s. XII.

servicio a un cementerio tan bonito como memorable. La **Greyfriars Kirk** (PLANO: **8** P. 37 **G5**), fundada en 1620, fue la primera iglesia que se construyó en Edimburgo tras la Reforma, pero la gran atracción de este lugar son las lápidas, monumentos y tumbas a varios niveles que rodean la iglesia.

Vale la pena dar un paseo por el recinto, disfrutando de las escalofriantes vistas del castillo de Edimburgo, y dedicarle una horita. La popularidad del cementerio se disparó tras la publicación de *Harry Potter,* al saberse que J. K. Rowling se inspiró en sus lápidas para dar nombre a muchos de sus personajes: entre sus residentes se cuentan "Tom" Riddle, McGonagle, Black, Moodie, Scrymgeour y hasta la familia Potter.

Una foto con Greyfriars Bobby   MONUMENTO

PLANO: **9** P. 37 **H5**

Según la antigua tradición, acariciarle el morro a la estatua a tamaño real de **Greyfriars Bobby,** en el cruce de Candlemaker Row y el George IV Bridge, frente al Greyfriars Kirkyard, trae buena suerte. Este skye terrier se ganó el corazón de los escoceses a finales del s. XIX, pero la costumbre de tocarle el morro ha dañado tanto la estatua de bronce que las autoridades prefieren que la gente se haga una foto. El perrito es uno de los símbolos de Edimburgo, así que, antes de visitarlo, se puede pasar por el Greyfriars Kirkyard para ver su sepultura.

Entre fantasmas   CIRCUITO A PIE

Se verán numerosos guías con aspecto fantasmagórico recorriendo los lúgubres cementerios de la Old Town y las inquietantes bóvedas del subsuelo de Cowgate, pero no hay que alarmarse: son muchas las historias de sangre y vísceras que tienen por protagonista a Edimburgo, y la ciudad ha sido escenario de numerosos asesinatos, robos de cadáveres y ejecuciones, así que los circuitos de misterio son un entretenimiento muy popular, aunque algunos de ellos solo son aptos para familias con niños mayores de 5 años.

 ¿QUIÉN FUE GREYFRIARS BOBBY?

Greyfriars Bobby (mayo 1855-enero 1872) es quizá la mascota más famosa de Escocia, y su imagen decora paños de cocina, postales, llaveros, monedas de recuerdo y el nombre de una cadena de *pubs,* pero ni siquiera los edimburgueses tienen muy claro por qué. Este skye terrier fue el compañero fiel de John Gray, un vigilante nocturno, no solo en vida, sino también en la muerte. Se dice que, tras el fallecimiento de su dueño, *Bobby* montó guardia junto a su tumba durante 14 años. La devoción del perrito sirvió de inspiración para una novela de éxito y acabó llegando a Hollywood, gracias a una adaptación de Walt Disney.

Mercat Tours (PLANO: ⑩ P. 37 **H2**; *mercattours.com; desde 22/17 £ adultos/niños*) ofrece circuitos en superficie y bajo tierra, mientras que en **City of the Dead Tours** (PLANO: ⑪ P. 37 **G5**; *cityofthedeadtours.com; desde 19 £*) están especializados en experiencias más terroríficas, para mayores de 12 años. En el interior del Mausoleo Negro, en el Greyfriars Kirkyard, de noche y a oscuras, muchos afirman haber visto al fantasma de McKenzie, el juez del s. XVII que perseguía a los *covenanters* (seguidores de la iglesia presbiteriana escocesa, que rechazó el catolicismo desafiando a Carlos I). Ahí queda eso.

Música tradicional en Sandy Bell's   MÚSICA EN DIRECTO

Al caer la noche, pocas cosas mejores se pueden hacer con 10 £ que tomarse una copa en este **'pub'** clásico con paredes de madera (PLANO: ⑫ P. 37 **H6**; *sandybells. com*), que lleva ofreciendo actuaciones de música folk junto al National Museum of Scotland desde 1942. Todos los grandes nombres de la música escocesa han pasado por aquí, desde The Corries (que compusieron el himno nacional, "Flower of Scotland") hasta Gerry Rafferty, Billy Connolly, Dougie Maclean, Barbara Dickson o Bert Jansch, que tanto influyó en Neil Young y Led Zeppelin. Escuchando música con un *whisky* en la mano y el

MUSEOS IMPRESCINDIBLES EN LA OLD TOWN

Fruitmarket Gallery
PLANO: ⑭ P. 38 **A1**
Recién renovado, con enormes e impresionantes galerías y un agradable café, en Market St.

Gladstone's Land
PLANO: ⑮ P. 37 **F2**
Esta estructura de 500 años fue en su tiempo una de las casas más elegantes de la Old Town. Presenta exposiciones históricas y cuenta con una heladería en la planta baja.

People's Story Museum
PLANO: ⑯ P. 39 **G1**
Los habitantes de Edimburgo son los que han hecho de la ciudad lo que es, y este museo *(edinburgh museums.org.uk),* en el interior del Canongate Tolbooth, es un tributo a su historia. Cuando se preparaba esta guía estaba cerrado; véase el sitio web para comprobar que haya reabierto antes de ir.

fuego crepitando en la chimenea, uno se siente transportado a otro mundo, y que el tiempo se ha parado en el exterior. Menos famoso, pero igual de interesante, es el **Royal Oak** (PLANO: ⑬ P. 38 **C5**; *royal-oak-folk.com*), en la cercana Infirmary St, que ofrece un ambiente similar.

PANORÁMICAS POCO VISTAS

The Outsider

PLANO: 18 P. 37 **G4**

Este bistró a dos niveles en George IV Bridge sirve estupendos platos principales, postres, vinos, y desde la parte de atrás tiene unas vistas del castillo que pocos conocen.

Nor' Loft

PLANO: 19 P. 38 **A2**

La champañería de la azotea del Market Street Hotel, junto a la estación de Waverley, es un lugar muy especial para brindar mientras el sol se pone sobre la New Town.

Cold Town House

PLANO: 20 P. 36 **C5**

Esta cervecería artesana, al final de Grassmarket, cuenta con una estupenda terraza en la azotea, a los pies de las almenas del castillo.

Recuerdos de la Reforma en la John Knox House   MUSEO

PLANO: 17 P. 38 **D2**

En otro tiempo, en la Royal Mile había *luckenbooths* (casas con puestos de venta abiertos a la calle) que los mercaderes usaban para hacer sus negocios. La última de estas casas medievales es la **John Knox House** (*scottishstorytellingcentre.com/ john-knox-house; 7/1,50 € adultos/ niños),* que data de 1470, un edificio laberíntico y muy sugerente que vale la pena explorar.

La casa tuvo sus vínculos con la turbulenta época de la **Reforma escocesa,** que provocó el estallido de la guerra civil y la abdicación de María Estuardo, pero también es un gran vestigio histórico. Entre 1561 y 1572 vivió en ella John Knox, influyente reformador de la iglesia y líder de la Reforma Protestante de Escocia.

Entre Wynds, Closes y Courts   PASEO HISTÓRICO

El mejor modo de explorar el laberinto de antiguos callejones y escalinatas de la Old Town es dar un paseo por las históricas bocacalles de la Royal Mile. Cada una de ellas cuenta su propia historia, y hubo un tiempo en que había más de 250 *wynds* (tortuosos callejones) densamente poblados. Hoy en día, solo quedan unos 90 y, al recorrerlos, hay que estar atento a los escalones y a los ladrillos desprendidos.

La clásica imagen de **Advocate's Close,** con su arco perfecto enmarcando el monumento a Scott, en Princes Street, es la que todo el mundo sube a sus redes. **Anchor Close** es más claustrofóbico, y **Whitehorse Close,** en Canongate, conserva el aspecto del Edimburgo de hace siglos. Quien quiera visitar algún *pub* escondido encontrará el Jolly Judge en **James' Court** y el Jinglin' Geordie en **Fleshmarket Close.**

Un viaje en el tiempo en el Museum of Edinburgh

MUSEO

PLANO: **21** P. 39 **H1**

Frente al reloj del Cannongate Tolbooth se ubica la **Huntly House,** del s. XVI, reflejo de la Edimburgo de entonces y de la de ahora. Su exterior de llamativos colores amarillo y rojo es un reflejo del atractivo de este tramo de la Royal Mile. Y dentro se encuentra la interesante colección del **Museum of Edinburgh** (*edinburghmuseums.org.uk; gratis, donativo recomendado 3 £*).

Entre las piezas de importancia cultural hay una copia del **National Covenant de 1638,** pacto nacional que llevó a Escocia a una cruenta guerra civil entre partidarios de las diferentes confesiones, pero lo que más gusta a la gente es el collar y el cuenco de Greyfriars Bobby. En el exterior está Bakehouse Close, que apareció en la 3ª temporada de la serie de televisión **'Outlander'**.

Con los tejedores en Dovecot Studios

ARTE

PLANO: **22** P. 38 **D5**

Con sus luminosas galerías y sus balcones en torno a lo que en otro tiempo fueron los baños públicos más antiguos de Edimburgo, **Dovecot Studios** (*dovecotstudios. com; entrada gratis, exposiciones 12 £*) cubre más de 110 años repasando la historia del diseño moderno escocés. Caminando por el taller se podrá ver a los artesanos y a los maestros tejedores creando obras de arte en los telares. También hay una amplia oferta de **programas interactivos,** que abarcan desde tejido de alfombras hasta encuadernación.

Asistir a una representación en el Scottish Storytelling Centre

CENTRO CULTURAL

PLANO: **23** P. 38 **D2**

El proverbio escocés "La historia se cuenta cara a cara, mente a mente, corazón a corazón" cobra vida en el **Scottish Storytelling Centre** (*scottishstorytellingcentre.com;*

 LOS LADRONES DE CADÁVERES DE LA OLD TOWN

La investigación médica y el estudio de la anatomía eran actividades florecientes en la Edimburgo de principios del s. XIX, pero de pronto se presentó el problema de la escasez de cadáveres, con lo que surgió un macabro negocio paralelo: el de los ladrones de tumbas –conocidos entonces como "hombres de la resurrección"–, que profanaban ataúdes recién enterrados a cambio de sustanciosas recompensas. Entre los ladrones de cuerpos más famosos estaban **Burke y Hare,** que fueron un paso más allá, matando a 17 personas en un año, entre 1827 y 1828. Fueron detenidos y, en un paradójico giro de guion, acabaron diseccionados en el departamento de anatomía de la Universidad de Edimburgo.

gratis), un centro artístico situado junto a la Royal Mile, con vistas a los antiguos jardines de Netherbow.

El centro cuenta con numerosos espacios, incluida una cafetería con tentempiés caseros, una interesante librería y el interactivo Storywall. Además, hay tres escenarios donde ver espectáculos y recitales de estilo cabaré: el Netherbow Theatre, el Storytelling Court y la Library. Los tres acogen funciones del **Festival Internacional de Narración de Escocia,** celebrado en octubre.

Una cena espectacular   ALTA GASTRONOMÍA

Muchos de los mejores restaurantes de la Old Town no se ven desde el exterior, al estar bajo el nivel de la calle. El **Witchery** *(thewitchery.com),* frente a Ramsay Lane, es uno de ellos. Se trata de una sentida carta de amor a lo gótico, con candelabros, esbeltas columnas, cortinas con borlas y bustos de mármol que parecen sacados de *El fantasma de la ópera,* donde se pueden tomar ostras o un buen filete de buey escocés, quizá muy poco hecho...

Igual de sugerente es el **Commons Club,** en el interior del **Virgin Hotels Edinburgh** *(virginhotels.com),* a un paseo del final de Victoria St. Desde la mesa del chef se podrá disfrutar del espectáculo que es la cocina abierta, donde los cocineros escaldan, saltean y pochan ante los ojos de los comensales. Tiene el ambiente

de un club privado y en la carta se encontrarán ingredientes escoceses de primera, desde exquisitas carnes hasta cigalas frescas.

De copas en una estación de bombeo victoriana   'PUB' HISTÓRICO

PLANO: **24** P. 37 G2

El **Devil's Advocate** *(devilsadvocateedinburgh.co.uk),* escondido en uno de los oscuros callejones junto a la Royal Mile, es un lugar ideal para tomar una copa antes del teatro o a última hora. Ocupa lo que fue una estación de bombeo victoriana, con altos techos y conductos de ventilación de estilo industrial, pero en realidad es un bar muy moderno, con unos cócteles que harán vibrar las papilas gustativas. No muchos baristas se atreven a combinar un intenso *whisky* Laphroaig con el afrutado licor Banane du Brésil.

La gran fiesta del Royal Edinburgh Military Tattoo   EVENTO

Si se pregunta por ahí quizá se oiga que el **Royal Edinburgh Military Tattoo** *(edintattoo. co.uk; desde 44 £),* celebrado cada mes de agosto en la explanada del castillo, es un espectáculo algo hortera. Pero cuando empieza la fiesta, con el castillo iluminado de fondo, y aparecen los *kilts,* las bandas militares, las gaitas y los bailes, de pronto todos presumen de linaje escocés. Es un espectáculo de luces, bailes, color y precisión que dura 75 min, y si se ver mil dragones marchando al unísono no despierta la imaginación del espectador, más vale llamar al médico. Las entradas se agotan, así que conviene comprarlas con tiempo.

De compras por Cockburn Street

CALLE

La engalanada **Cockburn Street** (PLANO: ㉕ P. 38 **A2**), solo comparable a Victoria St en cuanto a pompa y oropeles, está llena de originales locales y modernos cafés, y es un lugar estupendo para pasear. La mayoría de las tiendas son independientes, entre ellas **Pie in the Sky** (ropa; PLANO: ㉖ P. 38 **A2**), **Underground Solution** (vinilos; PLANO: ㉗ P. 37 **H1**), **Museum Context** (regalos y camisetas; PLANO: ㉘ P. 38 **A2**) y **Time and Tide** (menaje del hogar). **Milkman** (PLANO: ㉙ P. 37 **H1**), que hace uno de los mejores cafés de la ciudad, tiene aquí dos minúsculos locales.

Paz y tranquilidad en el City Art Centre

GALERÍA

PLANO: ㉜ P. 38 **A2**

La estación de Waverley puede resultar caótica y estruendosa, pero

SUGERENCIAS PARA FAMILIAS

Museum of Childhood

PLANO: ㉚ P. 38 **D3**

El primer museo dedicado a la historia de la infancia, en la Royal Mile, está lleno de juegos y juguetes.

Artistas callejeros en la Royal Mile

Malabaristas, acróbatas y estatuas humanas dan un aire de fiesta al tramo peatonal de High St, junto a la catedral de St Giles.

Fudge Kitchen

PLANO: ㉛ P. 38 **D2**

El paraíso del caramelo, en High St, donde se puede ver cómo lo hacen los artesanos (y las muestras son gratuitas).

esta galería, al otro lado de la calle, es todo lo contrario. El **City Art Centre** (*edinburghmuseums.org. uk; gratis, donativo recomendado 3 £*) ocupa un impresionante edificio con mucha historia,

 LA HISTORIA DE LOS PUENTES

Con el rápido crecimiento de Edimburgo, entre finales del s. XVIII y el s. XIX, tuvieron que construir una serie de puentes para conectar la Old Town con las nuevas zonas urbanizadas al norte y al sur. El primero fue el South Bridge, luego se construyó el puente George IV al final de Cowgate, que discurría a un nivel más bajo. Después, tuvieron que conectar las zonas a diferentes niveles y el resultado fue que los puentes quedaron casi ocultos a la vista. Hoy en día, eso despista a los visitantes de la Old Town, pues es como si la ciudad hubiera sido diseñada por un maestro de las ilusiones ópticas como M. C. Escher.

ya que albergó la redacción del periódico *The Scotsman,* así como un mercado mayorista de frutas y verduras. Por fuera parece un almacén, con estructura de hierro, y la fachada tiene un aire *beaux-arts* parisino. Las galerías ocupan seis plantas y acogen grandes muestras temporales de arte escocés de calidad.

A la caza del unicornio CIRCUITO AUTOGUIADO

El unicornio en Escocia es algo más que un mito, pues se trata del animal oficial del país y de un símbolo importante. Según el National Museum of Scotland, la leyenda medieval decía que solo un rey podía tener cautivo a un unicornio, y eso dio pie a que, hacia el s. xv, los reyes y nobles escoceses lo adoptaran como símbolo de poder y de pureza.

Lo que empezó cuando Jacobo II puso al unicornio en su estandarte real se asentó con sus sucesores, que se aseguraron de que apareciera en monedas, sellos reales y blasones, o en lo alto de sus monumentos, como se puede ver en **Mercat Cross** (PLANO: 33 P. 37 **H2**), tras la catedral de St Giles, en las entradas del **palacio de Holyroodhouse** (p. 72), por todo el **castillo de Edimburgo** (p. 40) y en los frescos junto a los **Riddles Court** (PLANO: 34 P. 37 **F3**; *solo visitas concertadas*).

Por la adoquinada Victoria Street DE COMPRAS

El ambiente de esta **calle** (PLANO: 35 P. 37 **F3**) es a la vez dinámico y relajado, ya que propios y extraños la recorren a ritmo diferente, cada uno a lo suyo. Es la calle más fotogénica de Edimburgo, lo que la ha convertido en una atracción imprescindible, con sus tiendas de colores variados que triunfan en Instagram.

Lo más fácil es explorarla desde lo alto, empezando en Castle Hill y bajando los escalones que llevan a **Victoria Terrace** (PLANO: 36 P. 37 **F3**), una terraza llena de *pubs* y restaurantes. La calle, que se dice que inspiró a J. K. Rowling, es ahora peatonal, y a muchos les recuerda el **callejón Diagon** de *Harry Potter,* con sus adoquines y sus tiendas llenas de recovecos, aunque las fachadas con colores azules, naranjas, verdes y rosas tienen un aire más bien caribeño.

Copas con historia en un antiguo 'pub' 'PUBS' HISTÓRICOS

Los *pubs* de Edimburgo tienen mucha historia. La mayoría de los edimburgueses evitan los de Grassmarket porque suelen acoger despedidas de solteros, pero el **White Hart Inn** (PLANO: 37 P. 36 **D5**) es la excepción. Presume de ser el *pub* más antiguo de Edimburgo, de 1516, y cuenta la leyenda que el bardo escocés Robert Burns se alojó aquí una semana en noviembre de 1791 para visitar a una amante, de la que

Victoria Street.
DAVID RIDLEY/SHUTTERSTOCK ©

escribió "Ae Fond Kiss", uno de sus sonetos más famosos.

Desde aquí, Victoria St lleva a la Royal Mile, pasando por el **Bow Bar** (PLANO: 38 P. 37 **F4**), austero local especializado en cervezas de barril y *whiskies* de malta de primera. Una copa más y se encontrarán las fuerzas para ir en busca del **Malt Shovel Inn** (PLANO: 39 P. 37 **H1**), en Cockburn St. Esta taberna con ventanas emplomadas y paredes de madera oscura, propiedad de la Belhaven Brewery, lleva sirviendo cervezas de barril desde principios del s. XIX.

El último trago, en Grassmarket LUGAR HISTÓRICO

El bullicio de los *pubs* turísticos y los restaurantes de **Grassmarket** (PLANO: 40 P. 36 **D5**) nunca cesa. Nació en el s. XV como lugar de encuentro para el comercio de los campesinos, pero acabó convirtiéndose en escenario de proclamas, mítines políticos e incluso ejecuciones públicas. Aquí se ejecutó a los ladrones de cadáveres y otros criminales, y también a más de 100 mártires *convenanters*. El último ahorcamiento tuvo lugar el 4 de febrero de 1784, y el último deseo de muchos de

PARA LOS MÁS GOLOSOS

Mary's Milk Bar
PLANO: **51** P. 36 **D5**
Helados de sabores variados elaborados cada mañana, en pleno Grassmarket.

Chocolatarium
PLANO: **52** P. 39 **E2**
Microfábrica de chocolate en Cranston St donde se puede comprar una tableta personalizada para llevar *(25/17 £ adultos/niños)*.

Alandas Gelato
PLANO: **53** P. 37 **H6**
Sus helados, de la comarca de East Lothian, han ganado premios. Se pueden probar junto al Greyfriars Kirkyard (p. 53).

los ejecutados era una copa, "el último trago". Los patrones del **Last Drop** (PLANO: **41** P. 37 **E4**) estarán encantados de servir al visitante, igual que hacían con los condenados. Aunque ahora, después de las copas, como mucho, lo que se sufrirá es la resaca...

Las mejores representaciones del mundo
FESTIVAL DE LAS ARTES

El mayor festival de las artes del mundo impresiona. El **Edinburgh Festival Fringe** (PLANO: **42** P. 38 **A3**; *edfringe.com*), que dura todo el mes de agosto, ofrece 3300 espectáculos y 55 000 representaciones en 260 escenarios. Hay cuatro principales (Assembly, Gilded Balloon, Pleasance y Underbelly), pero el Fringe llega a todos los rincones de la ciudad y nadie lo supera en espectáculo, dimensión u originalidad. El **Royal Botanic Garden** (PLANO: **43** P. 36 **D1**) ha albergado un "pianódromo" hecho con 55 pianos reciclados. Y en un gallinero, con capacidad para tres personas, se ha celebrado el espectáculo de humor más pequeño del mundo.

Para orientarse en este campo de minas de libertad creativa, lo mejor es dedicarle varios días, con ayuda de los comentarios que se oirán en los *pubs*. Lo más serio de toda esta oferta es el **Festival Internacional de Edimburgo** (PLANO: **44** P. 37 **E3**; *eif.co.uk*), que fue la idea inicial de la que nació todo, en 1947, y que atrae a grandes figuras del espectáculo de todo el mundo.

Hasta las tantas en Cowgate
VIDA NOCTURNA

Los ganaderos que llevaban a sus reses al mercado por Cowgate se sorprenderían si pudieran ver hoy esta calle, conocida por sus oscuros bares, sus clubes nocturnos y sus locales musicales, en una serie de cámaras abovedadas de luces tenues que en el s. XIX eran almacenes y bares de copas ilegales. Muchos de ellos aún conservan vestigios de la época y mucho encanto.

Para escuchar música en directo, bandas emergentes y ver un buen espectáculo punk o *rock*, las mejores apuestas son el **Sneaky Pete's** (PLANO: 45 P. 37 **G4**) y el **Bannerman's** (PLANO: 46 P. 38 **C4**). El **Cabaret Voltaire** (PLANO: 47 P. 38 **B4**), el **Bongo Club** (PLANO: 48 P. 37 **G4**) y el **Caves** (PLANO: 49 P. 38 **C4**) son tres locales alternativos legendarios para bailar y tomar copas. A pesar de su público estudiantil y a veces escandaloso, Cowgate está empezando a ganarse cierta reputación de sofisticación, y la llegada de hoteles elegantes está propiciando el cambio. Un buen ejemplo es la elegante coctelería del **House of Gods**' (PLANO: 50 P. 38 **B4**), abierta hasta tarde.

Esto es un millón de libras
MUSEO

Los escoceses tienen fama de tacaños, pero esta reputación es del todo inmerecida. Quizá proceda de la historia de la ciudad como sede de bancos e inversores y de su influencia en la teoría económica. Adam Smith, pionero de la economía política y autor de *La riqueza de las naciones,* dio clase en la Universidad de Edimburgo y está enterrado en el **Canongate Kirkyard** (PLANO: 54 P. 39 **G1**).

El **Museum on the Mound** (PLANO: 55 P. 37 **F2**; *museumonthemound.com; gratis*), situado en la antigua oficina central del Banco de Escocia, da una original visión del dinero, con

TIENDAS ORIGINALES
Cadenhead's Whisky Shop
PLANO: 56 P. 39 **G2**

La destilería independiente más antigua de Escocia, en actividad desde 1842, tiene una tienda frente a Canongate Kirk y es, en parte, botica victoriana y, en parte, biblioteca dedicada al *whisky*. Resulta especialmente atractiva porque la mayoría de los turistas optan por dirigirse a las tiendas más comerciales que encuentran subiendo por la Royal Mile.

Wyrd Shop
PLANO: 57 P. 39 **G2**

La tienda de ocultismo más antigua de Escocia, ideal para aprendices de magos y hechiceras, o para sentirse trasladado de pronto al s. XIX.

W Armstrong & Son
PLANO: 58 P. 37 **E4**

Emporio de ropa *vintage,* ideal para quien quiera comprarse un traje de presentador de circo o un vestido de *burlesque* a lo Moulin Rouge.

muestras en las que se pueden ver el billete más antiguo de Escocia (de 1716), un expositor con 1 millón de libras, para ver cuánto abultan, y una caja fuerte que se puede intentar abrir.

SUGERENCIAS

Lo mejor para...

ⓔ Económico **ⓔⓔ** Medio **ⓔⓔⓔ** Alto

Comer

A buen precio

I. J. Mellis ⓔ
59 E3

Un paraíso para los amantes del queso –stilton, camembert, brie, quesos azules–, con una barra de vinos y quesos escondida en la parte trasera. *10.00-19.00 lu-sa, 11.00-18.00 do*

Edinburgh Larder ⓔ
60 C3 PLANO: P. 38

Desayunos y bocadillos con ingredientes de calidad, en un local popular cerca de High St. Al lado tienen otra sucursal de comida para llevar. *7.30-15.00 lu-vi, 8.00-15.00 sa y do*

City Cafe ⓔ
61 B3 PLANO: P. 38

Batidos, platos combinados, noches de bingo y karaoke hasta tarde. También sirven desayunos, *bagels,* hamburguesas y muchas patatas

fritas. *9.00-24.00 do-ju, 9.00-1.00 vi y sa*

Luckenbooths ⓔ
62 H2

Sus desayunos, comidas, asados y carne a la parrilla atraen a turistas y vecinos, que también acuden a tomar el té de la tarde. *7.00-23.00*

Bread Meats Bread ⓔ
63 A6

Hamburguesas, bocadillos de pollo y sándwiches a la parrilla de los de toda la vida en un galardonado local junto al North Bridge. Además, se puede probar una rareza: la *poutine* escocesa. *11.30-24.00*

Típico escocés

David Bann ⓔⓔ
64 E3 PLANO: P. 38

Este local algo escondido, junto a la Royal Mile, abre todo el día y su carta incluye *koftas,* curris y tartas, todo vegetariano, vegano y sin gluten. *12.00-22.00*

Arcade ⓔⓔ
65 A2 PLANO: P. 38

Es el único local de la ciudad especializado

en *haggis* y *whisky,* y también sirve deliciosos *haggies* vegetarianos y veganos. No aceptan reservas. *12.00-1.00*

Makars Mash Bar ⓔⓔ
66 F2

Divertido bar con una carta con sabrosos platos típicos de carne y patatas, aunque también hay *haggies* y salchichas vegetarianas. Está en el Mound y es ideal para un día de invierno. *12.00-20.30 lu-ju, 12.00-21.30 vi y sa, 12.00-20.00 do*

Scotts Kitchen ⓔⓔ
67 F3

Raciones, hamburguesas, pasta y cazuelas en un local con vistas desde Victoria Terrace; de los mismos dueños que el elegante Howie's, en Victoria St. *9.00-17.00 lu-ju, 9.00-19.00 vi-do*

Monteith's ⓔⓔ
68 D2 PLANO: P. 38

Los productos escoceses son los protagonistas en este restaurante subterráneo de luces tenues, que también es coctelería y whiskería. Carnes, pescados y mariscos son la especialidad. *16.00-23.00 vi-do*

Whiski Rooms ⓔⓔ
69 **F2**

De todos los locales turísticos de la Royal Mile, este es el más completo: sopa *Cullen skink*, *haggis*, salmón y filetes, y nada menos que 300 *whiskies*. *10.00-24.00*

Algo especial

Colonnades, en la Signet Library ⓔⓔ
70 **H3**

Para tomar el té de la tarde con una gran puesta en escena, en la biblioteca, entre esbeltas columnas corintias y elegantes balaustradas. *11.00-16.30 mi-do*

Cannonball Restaurant ⓔⓔⓔ
71 **D3**

Elegante restaurante en una casa del s. XVII, dirigido por los Contini, restauradores que siguen una larga tradición familiar. *12.30-15.30 y 17.30-21.00*

Ondine ⓔⓔⓔ
72 **G3**

Famosa marisquería que sigue prácticas sostenibles, famosa por sus platos de marisco fresco, su gran servicio

y su ambiente romántico. *12.00-22.00 ma-sa*

Wedgwood ⓔⓔⓔ
73 **F9** PLANO: P. 38

Elegante restaurante en Canongate, con una cocina escocesa moderna regentada por Paul Wedgwood, uno de los mejores chefs de Edimburgo. *12.00-13.45 y 17.00-21.00 do-ju, hasta 21.45 vi y sa*

White Horse Oyster & Seafood Bar ⓔⓔⓔ
74 **E2** PLANO: P. 38

La taberna más antigua de la Royal Mile, de 1742, sigue estando de moda para tomar copas. También hay platillos y platos de marisco, con una *happy hour* en que las ostras cuestan 2 £. *12.00-22.00*

De todo el mundo

Civerinos ⓔ
75 **B3** PLANO: P. 38

Las *pizzas* de la popular Civerinos, en Hunter Sq, incluyen originales ingredientes (salmón, perrito caliente o patatas fritas). Muy animado hasta tarde. *12.00-22.00 do-ju, 12.00-23.00 vi y sa*

Mother India's Cafe ⓔⓔ
76 **C5** PLANO: P. 38

Este local de tapas punyabíes se llena por la noche y los fines de

semana. Lo mejor es el rape *tikka* y el abadejo especiado. *12.00-21.30 do-ju, 12.00-22.00 vi y sa*

Guajira Café & Coffee ⓔ
77 **E3** PLANO: P. 38

Rollitos, *wraps* y café con un aire caribeño, en un local de decoración tropical obra de Indhira, la dueña, de origen dominicano. *9.00-18.00 lu-vi, 10.00-18.00 sa y do*

Dakai Grill House
78 **E3**

Carnes a la brasa al estilo kurdo y una terraza para fumar la *shisha* con vistas a Victoria St, rodeados de cultura de Oriente Próximo. *12.00-22.00*

Desayunos y café

Scran ⓔ
79 **B2** PLANO: P. 38

Popular local para empaparse del ambiente de Cockburn St. Sirven desayunos todo el día y sus hamburguesas bien cargadas, con patatas fritas, tienen mucho éxito. No admiten reservas. *8.00-18.00*

Hula ⓔ
80 **E4**

Antes era un local de zumos, pero el Hula, en Grassmarket, es hoy el lugar perfecto para disfrutar de un *brunch* saludable con enormes *smoothies* de *açai*, tortitas con frutas o tostadas con aguacate. *8.30-16.00*

Loudons
81 **F1** PLANO: P. 38

Los huevos Benedict de este popular local entre High St y Waverley tienen fama. Tienen otro local en el West End. *8.00-15.00 lu-vi, 8.00-16.00 sa y do*

Santu Coffee
82 **H1** PLANO: P. 38

Cafetería con conciencia social en Canongate. Usa café de comercio justo y da apoyo a granjas brasileñas. *8.00-16.00*

Beber

'Pubs' acogedores

World's End
83 **D2** PLANO: P. 38

Formaba parte de la Flodden Wall, la antigua muralla de Edimburgo, y sirve cervezas de Belhaven, la fábrica más antigua del país, con comida para acompañar. *11.00-24.00 do-ju, 11.00-1.00 vi y sa*

Halfway House
84 **A2** PLANO: P. 38

Minúsculo local en Fleshmarket Close con cervezas de grifo que van cambiando. La sensación es la de estar en un local secreto, donde no cabe un alfiler. *11.00-23.00 do-ju, 11.00-24.00 vi y sa*

Ensign Ewart
85 **E3**

Data de 1680 y es más popular entre los turistas que entre los edimburgueses, pero aun así el ambiente es acogedor y la carta de whiskies, enorme. También es el *pub* a más altura de la ciudad. *12.00-24.00 do-ju, 12.00-1.00 vi y sa*

Waverley
86 **D2** PLANO: P. 38

Es una de las tabernas con más historia de High Street, con una decoración ecléctica algo excéntrica, donde probar sus *whiskies* y charlar entre cervezas. *11.30-1.00*

Ginebra y cerveza artesanal

Edinburgh Gin
87 **D1** PLANO: P. 38

Un nuevo local para esta nueva destilería de ginebra, bajo los arcos de East Market St. Visitas guiadas, catas y arquitectura de vanguardia. *Horario variable.*

Holyrood 9a
88 **E4** PLANO: P. 38

Tiene 20 grifos de cerveza que van variando y una carta con hamburguesas *gourmet* para comer a dos manos. *9.00-23.00 do-ma, 9.00-24.00 mi-ju, 9.00-1.00 vi y sa*

Salt Horse Beer Shop & Bar
89 **D4** PLANO: P. 38

Aquí se sirve y se vende cerveza para llevar. También hay hamburguesas, un ambiente acogedor y una docena de cervezas de grifo que van cambiando. *16.00-23.00 lu-mi, 12.00-24.00 ju-sa, 12.30-24.00 do*

Cócteles y vino

Under the Stairs
90 **G4**

Cómodas butacas, chimenea y una pecera forman parte de la decoración de este bar en un sótano de Cowgate. Es una de las coctelerías clásicas de la ciudad, donde también se puede picar algo. *16.00-24.00 lu-ju, 14.00-1.00 vi y sa, 14.00-24.00 do*

House of Gods

véase **50** B4

Coctelería en un hotel de Cowgate con cócteles temáticos inspirados en el *rock-and-roll,* una bola de espejo y un ambiente pícaro al caer la noche. *13.00-1.00*

Cocktail Geeks

91 D1 PLANO: P. 38

En esta coctelería tienen devoción por la cultura pop: la carta es temática y el tema puede ser desde Super Mario Bros hasta *Juego de tronos.* La entrada está bajo un arco algo escondido entre la estación de Waverley y High St. *15.00-24.00 lu-ju, 15.00-1.00 vi, 12.00-1.00 sa, 12.00-24.00 do*

Comprar

'Made in Scotland'

Royal Mile Whiskies

92 G2

Enfrente de la catedral de St Giles se vende otra "agua bendita" por botellas: aquí tienen todo

tipo de *whiskies* de malta, de mezcla, de centeno y *bourbons,* nacionales y extranjeros. *10.00-20.00*

Gordon Nicolson Kiltmakers

93 G2 PLANO: P. 38

Lo tienen todo en moda de las *Highlands: kilts* hechos a mano, chales, bufandas, tartán, *tweed* y todo lo que sea escocés. En Canongate. *9.30-17.30 lu-sa, 12.00-16.00 do*

Islander

94 E4

Bolsos y monederos de *tweed* de Harris, zapatillas, guantes y calzado de piel de cordero de una de las marcas autóctonas de la Old Town. La tienda es nueva; tienen un taller muy cerca, en Candlemaker Row. *11.00-18.00*

Kilberry Bagpipes

95 E3 PLANO: P. 38

Son artesanos de las gaitas y venden todos los componentes y accesorios, tanto para principiantes como para profesionales. *9.30-17.00 lu-vi*

Arte y joyas

Red Door Gallery

96 E4

Espléndida galería en Victoria St, especializada en imágenes que capturan la esencia de la ciudad, ya sean bocetos, coloristas mapas o litografías. *10.00-18.00*

Godiva

97 C5

Moda *vintage* y artículos para la casa con vocación de sostenibilidad en una de las primeras *boutiques* independientes de la Old Town, junto a Grassmarket. *11.00-18.30 lu-ju, 10.00-18.30 vi y sa, 10.00-18.00 do*

Mercado de Grassmarket

98 D5

En el mercado semanal que se organiza en el extremo oeste de Grassmarket se encontrará artesanía de temática escocesa, joyas y arte para coleccionistas, así como comida callejera, dulces y bebidas calientes. *10.00-17.00 sa*

Sugerencias de lugares para comer y beber en **p. 83**

Explora
Holyrood y Arthur's Seat

La fama de esta zona, al este de la Royal Mile, una suerte de Highlands pero en miniatura, es bien merecida, con el ambiente que crean el palacio de Holyroodhouse y su parque real, en otro tiempo un coto de caza. Por su parte, el Arthur's Seat, característico volcán de 350 millones de años, transmite esa misma sensación, con sus riscos, sus prados, las ruinas de una capilla y hasta un recóndito *lochan* (un pequeño lago interior) que crean esa magia. El nombre de Holyrood procede de la abadía homónima, fundada en 1128 por David I y llamada originalmente *Church of the Holy Rude* (iglesia de la Santa Cruz).

Cómo desplazarse

 Tren
La estación de Waverley está a 15 min a pie, al oeste de Holyrood, bajo el North Bridge. Se puede llegar por Calton Rd o Canongate.

Autobús
La línea 35 de Lothian comunica Holyrood con el South Bridge, pasando por la mitad inferior de la Royal Mile, y tiene parada frente al palacio de Holyroodhouse. La línea 12 circula entre el National Museum of Scotland y Portobello, rodeando Holyrood Park y el Arthur's Seat, al oeste. También pueden ser útiles las líneas 2, 14, 30 y 44.

Arthur's Seat (p. 78).
SERGII FIGURNYI/SHUTTERSTOCK ©

★
LO MEJOR

HISTORIA REAL
Palacio de Holyroodhouse (p. 72)

SEDE DEL GOBIERNO
Edificio del Parlamento escocés (p. 74)

EXCURSIÓN CON VISTAS
Arthur's Seat (p. 78)

PARA AMANTES DEL 'WHISKY'
Holyrood Distillery (p. 81)

TÉ DE LA TARDE
Prestonfield House (p. 79)

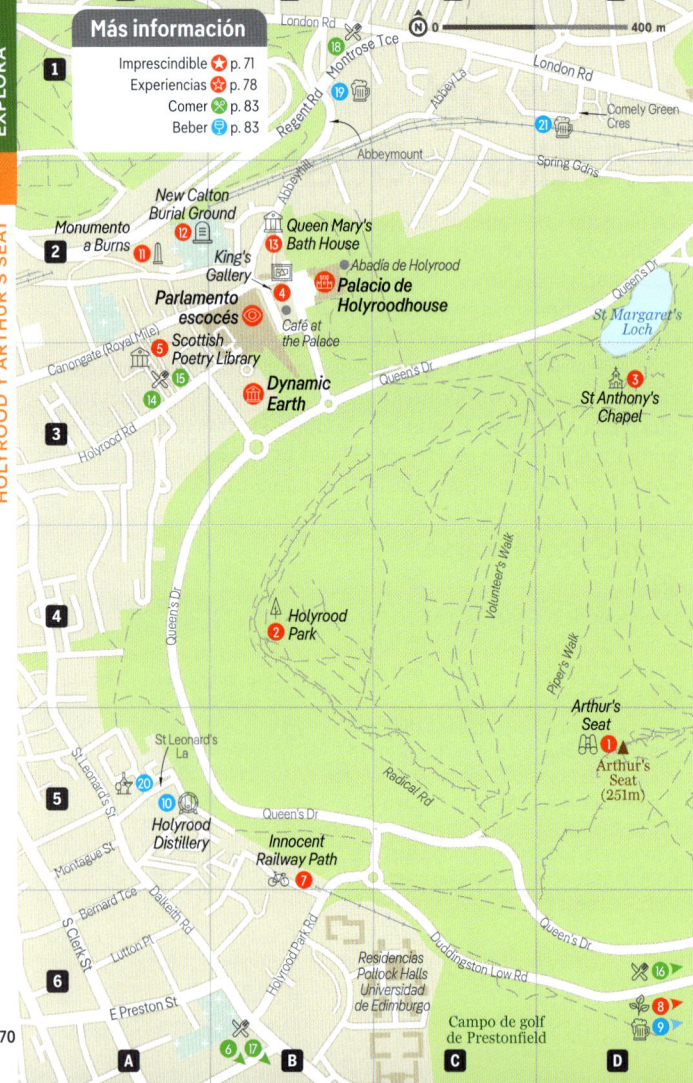

Más información

1

Imprescindible ⭐ p. 71
Experiencias 🌟 p. 78
Comer 🍴 p. 83
Beber 🍺 p. 83

London Rd

Montrose Tce 18

19

Regent Rd

Abbey La

London Rd

Comely Green Cres

21

Spring Gdns

Abbeymount

Abbeyhill

2

Monumento a Burns

New Calton Burial Ground 12

11

King's Gallery

Parlamento escocés

Queen Mary's Bath House 13

Abadía de Holyrood

Palacio de Holyroodhouse

4

Café at the Palace

Scottish Poetry Library

Canongate (Royal Mile)

5

15

14

Dynamic Earth

Holyrood Rd

Queen's Dr

St Margaret's Loch

Queen's Dr

St Anthony's Chapel 3

3

4

Queen's Dr

Holyrood Park 2

Volunteer's Walk

Piper's Walk

Arthur's Seat

Arthur's Seat 1

Arthur's Seat (251m)

St Leonard's La

St Leonard's St

20

5

10

Holyrood Distillery

Queen's Dr

Radical Rd

Montague St

Innocent Railway Path 7

Bernard Tce

S Clerk St

Dalkeith Rd

Lutton Pl

Holyrood Park Rd

Duddingston Low Rd

Queen's Dr

6

E Preston St

6

17

Residencias Pollock Halls Universidad de Edimburgo

Campo de golf de Prestonfield

16

8

9

⭐ **IMPRESCINDIBLE**

Dynamic Earth

Este complejo, situado a los pies del Arthur's Seat y los Salisbury Crags, parece una carpa de circo gigantesca, pero en realidad su marquesina blanca da paso a un viaje de descubrimiento a través de la historia natural y geológica de la Tierra, desde el Big Bang hasta la actualidad.

PLANO: P. 70 **B3**

El inicio del tiempo

La respuesta escocesa a Charles Darwin fue el geólogo **James Hutton,** de Edimburgo. Fue el primero que propuso el concepto filosófico del tiempo geológico, planteando que el ciclo de la vida de la Tierra consistía en fases de decadencia y renovación a través de sus experimentos, en pleno s. XVIII, y su historia se convierte en el tema de apertura del museo. Lo fascinante de su docena de galerías interactivas, que empiezan bajo el vestíbulo de entrada, es que combinan lo más novedoso con la historia antigua.

Emocionantes atracciones

Tras el prólogo de Hutton se pasa a un ascensor que lleva al pasado con una serie de experiencias interesantes para cualquiera que se plantee las grandes cuestiones de la vida. El montaje, de estilo Disney, discurre por una serie de salas inmersivas con imágenes generadas por ordenador, entre ellas la **Deep Time Machine,** un cine en 4D, la simulación de un volcán, un submarino y una jungla tropical animatrónica. También se encontrará el único **planetario de 360°** de la ciudad, con un programa diario de cortos y proyecciones dirigidas por un presentador a las horas en punto, incluidas con la entrada.

CONSEJO
Dynamic Earth es una de las atracciones más populares para ir en familia, y a partir de las 11.00 suele llenarse. Conviene llegar antes para evitar aglomeraciones.

Escanea el código QR permite ampliar información y comprar entradas.

★ IMPRESCINDIBLE

Palacio de Holyroodhouse

La que fue residencia de Carlos III y su familia en Edimburgo es un elegante palacio con patios, grandes salones, una escalera secreta y una abadía en ruinas. Parte de su encanto radica en las historias de María Estuardo y Carlos Eduardo Estuardo, decisivas para la historia del país.

PLANO: P. 70 **B2**

CONSEJO

El palacio está cerrado al público cuando lo visita la Familia Real o acoge ceremonias oficiales. Las fechas se pueden consultar en la web.

Escanea este código QR para ampliar información y comprar entradas.

Aposentos reales

En los imponentes **aposentos reales** y la **Sala del Trono** hay tantos cuadros, retratos y elegantes detalles que no se sabe dónde mirar. Las paredes están llenas de reyes inmortalizados al óleo, y las puertas dan paso a grandes salones y estancias por donde han pasado los personajes más importantes de la historia británica. La **Gran Galería** contiene los retratos de 95 reyes y una reina, tanto reales como míticos, entre ellos Macbeth, Roberto I y Fergus I, el legendario fundador de Escocia, hacia el 330 a.C. Se puede recorrer todo tranquilamente con una guía multimedia interactiva, incluida en el precio de la entrada, pero para hacer justicia a la historia del lugar harán falta al menos 2 h.

Aposentos de María Estuardo

Las **estancias de la torre** donde vivió la monarca más famosa de la historia de Escocia, entre 1561 y 1567, son lo más destacado de la visita. Es la parte más antigua del palacio, construida hace casi 500 años, y a la que se llega por una empinada escalera de caracol. Incluyen un dormitorio, un comedor y una cámara superior, y al subir por las escaleras se penetra en un mundo de intrigas, tragedia y asesinato. La historia es mejor que cualquier película de suspense.

RICHIE CHAN/SHUTTERSTOCK ©

Durante la **Reforma escocesa,** la joven reina debatió con el reformador religioso John Knox; se casó en segundas nupcias con su celoso marido, lord Darnley; y presenció el escalofriante asesinato de su secretario personal –y favorito– David Rizzio, que fue apuñalado 56 veces. El personal del palacio afirma que en la cámara exterior aún se pueden ver las manchas de sangre.

Abadía de Holyrood

Después de asistir a esa sangrienta historia, se puede salir del edificio y visitar la **abadía de Holyrood,** fundada en 1128 por David I. Gran parte está en muy mal estado tras siglos de batallas, alzamientos y revolución, pero se puede pasear frente a su imponente fachada gótica y cruzar la nave hasta los jardines.

UNA PAUSA
El **Café at the Palace,** en el antiguo Mews Courtyard, tiene un mostrador de comida rápida con *bagels,* sándwiches y ensaladas. También se sirve el té de la tarde.

⭐ **IMPRESCINDIBLE**

Parlamento escocés

Algunos parlamentos ocupan edificios anodinos, pero ese no es el caso del escocés. Esta estructura de acero, madera de roble y granito es una obra moderna abstracta que no pasa inadvertida. Se puede explorar su interior y luego contemplar el exterior, que, según dicen, es reflejo del agreste paisaje de los Salisbury Crags y el Arthur's Seat.

PLANO: P. 70 **B2**

CONSEJO
La visita autoguiada es gratis, pero las guiadas *(45 min)* deben reservarse con antelación. Las hay en lunes, viernes y sábado, a las 10.30, 11.30, 14.30 y 15.30.

Escanea este código QR para ampliar información.

Identidad nacional

El referéndum escocés de 1997 allanó el camino para la creación del primer Parlamento escocés con poderes propios. Siete años más tarde, Isabel II inauguró el **edificio del Parlamento escocés** con gran fanfarria (3 años tarde, saliéndose del presupuesto y entre críticas de políticos y público) en el lugar que ocupaba antes una cervecería (lo que da pie a bromas sobre la seriedad de las decisiones que se toman). Desde entonces, el Parlamento se ha convertido en una plataforma de difusión de la historia de la nación, de la arquitectura y del debate político.

Primeras impresiones

El Parlamento escocés, o Holyrood, como suele llamársele, es bonito. Costó 414 millones de libras, pero es una catedral de la política, diseñada por el arquitecto catalán Enric Miralles, que no llegó a verlo completado. Muchos, como el historiador de la arquitectura Charles Jencks, lo consideran una obra de arte que representa diferentes visiones de Escocia a través de sus complejas formas y estructuras.

Visto desde las alturas de los Salisbury Crags, tiene forma de rama, y parece crecer desde el terreno, como reflejo de las colinas circundantes. Miralles también se inspiró en los barcos varados boca abajo en la orilla de Leith y en las pinturas de flores del arquitecto Charles Rennie Mackintosh, de Glasgow.

ELIZA DRAGHICI/SHUTTERSTOCK ©

El salón de plenos

La sala principal, junto a la entrada, se compone de tres bóvedas de hormigón a diferentes niveles, que presentan una visión abstracta de la cruz de San Andrés, la bandera nacional de Escocia, con una colección permanente sobre la función del Parlamento, con piezas y muestras interactivas.

Subiendo las escaleras desde la sala principal se llega al **salón de plenos,** donde los 129 miembros del Parlamento escocés debaten los asuntos del día. Esta sala, con detalles en maderas de roble y sicomoro y cristal, recrea imágenes poéticas de Escocia. Véanse las **piedras de Arniston,** vestigio del Parlamento escocés previo a 1707, y los paneles de cristal tallado que representan al pueblo de Escocia. También llaman la atención los nudos que cuelgan sobre las cabezas de los políticos, como simbólicas espadas de Damocles.

UNA PAUSA
El **Parliament Cafe,** en la parte trasera de la sala principal, es una opción muy asequible para tomar una pasta, un sándwich, un *scone* o una sopa.

CIRCUITO A PIE

Paseo por Holyrood Park

La búsqueda de la esencia de Edimburgo empieza en Holyrood
Park, a los pies de un volcán extinguido de 350 millones de años.
Si se tiene poco tiempo, este paseo es buena alternativa a las
Highlands, con colinas cubiertas de brezo, un pequeño *glen*
y un *loch*, y con el premio de encontrar un antiguo *pub* al final.

INICIO	FINAL	DURACIÓN
Palacio de Holyroodhouse	Sheep Heid Inn	3,5 km; 2-3 h

1 El pozo de los deseos

Se empieza frente al palacio de Holyroodhouse, cruzando Queen's Dr para ver el **St Margaret's Well,** un pozo bendito de finales del s. xv que usaban los peregrinos por sus cualidades medicinales. Antes estaba en Restalrig, al este de Edimburgo, y ahora se usa como pozo de los deseos.

2 Visita a la iglesia

Girando al este, a unos 400 m se deja el sendero para peatones y bicicletas y se inicia la ascensión hasta las ruinas de la **St Anthony's Chapel** (p. 78). Se puede llegar por varios caminos, pero no hay pérdida: sus puntiagudas ruinas se alzan sobre el St Margaret's Loch, en un saliente rocoso, y recuerdan los restos de un castillo medieval. No está muy claro para qué se usaba la capilla: quizá fuera un lugar de retiro monástico, un destino de peregrinaje o un pequeño hospital.

3 En la cumbre

Desde la capilla, varios caminos van hacia el sur, ascendiendo por un terreno accidentado hasta la espectacular cumbre del **Arthur's Seat** (p. 78), de 251 m, el punto más alto del parque. A la izquierda se pueden ver las laderas del monte Whinny, pero el itinerario pasa por Hunter's Bog, un pequeño valle escondido al que solía ir María Estuardo, y usado como campo de tiro por la guarnición del castillo en el s. xix.

4 Descenso a Dunsapie

Hasta hace poco, la ruta de regreso más popular pasaba bajo los Salisbury Crags y seguía Radical Rd, construida en 1820 por iniciativa de sir Walter Scott, pero el riesgo de desprendimientos ha provocado el cierre. En su lugar, se puede bajar por el **Dunsapie Loch,** al este, donde se pueden ver aves y nutrias.

5 Regreso al pasado

Se sigue Queen's Dr, en su día un paso de carruajes para la reina Victoria y el príncipe Alberto, hasta la **Jacob's Ladder,** escalera de 209 peldaños que desciende, adentrándose en el pasado, hasta el antiguo Duddingston.

6 Un final perfecto

Cuando acaban los escalones, aparece la reserva de aves de Duddingston, con numerosos gansos, cisnes y patos. Y al lado, el pueblecito de postal de Duddingston, del s. xii, donde se halla **Sheep Heid Inn** (p. 81). Es el *pub* más antiguo de Escocia, un lugar perfecto para culminar la caminata con una pinta.

EXPERIENCIAS

Puesta de sol
en el Arthur's Seat

CAMINATA

PLANO: **1** P. 70 **D5**

Este pico rocoso de 251 m, en pleno Holyrood Park, atrae a los visitantes como un imán. Hay quien dice que el nombre deriva del rey Arturo, del mismo modo que hay cumbres que llevan el nombre de este héroe mitológico en Inglaterra y Gales. Lo cierto es que las vistas desde la cumbre del **Arthur's Seat** son de las mejores de Edimburgo, y abarcan todas las torres y chapiteles góticos de la Old Town, así como los montes Pentland, al sur. Cuando el sol se pone y tiñe el cielo de rosa, con la cantidad de gente que viene a disfrutar del momento, puede parecer que se está celebrando una fiesta.

Hay varios modos de llegar a la cumbre y la subida puede llevar de 1 a 2 h, pero se necesitará un calzado robusto, ya que el camino puede estar encharcado y resbaladizo, y ser peligroso. Saliendo de Queen's Dr se podrá seguir la ruta más larga y panorámica; desde Holyrood Park Rd es más escarpada, pero más rápida.

Descubrir la historia
de Holyrood Park

RUINAS

Edimburgo cuenta con más parques que ninguna otra ciudad británica, pero ninguno tiene el peso histórico, cultural y geológico de **Holyrood Park** (PLANO: **2** P. 70 **B4**). Es un soplo de aire fresco en plena ciudad, por el que han pasado Robert Burns, Robert Louis Stevenson, María Estuardo –que celebró aquí su banquete y compromiso– y hasta el reparto de la película de culto *T2: Trainspotting.*

Es bastante probable encontrarse corredores, estudiantes y paseadores de perros, pero al parque no le faltan atractivos. Como la **St Anthony's Chapel** (PLANO: **3** P. 70 **D3**), con unas ruinas perfectas para los correteos de los pequeños, o el St Margaret's Loch, ideal para los observadores de aves. El teatro geológico de los Salisbury Crags es todo un espectáculo del tumultuoso período carbonífero y se puede disfrutar desde diferentes ángulos. Téngase en cuenta que Radical Rd, llamada así en recuerdo de los tejedores desempleados que pusieron el primer pavimento en la calzada tras la Guerra Radical de 1820, estaba cerrada cuando se elaboraba esta guía.

Contemplar la King's
Gallery

GALERÍA

PLANO: **4** P. 70 **B2**

Las paredes de la **King's Gallery** (*rct.uk; adultos/niños 10/5 £*) están cubiertas de cuadros de grandes maestros clásicos, de hasta el s. xv. Es el escaparate de la colección privada de la familia real británica, una de las colecciones privadas más grandes del mundo. Tienen tantas obras que la muestra va cambiando constantemente, lo que significa que pueden verse desde retratos de la era georgiana hasta dibujos de Leonardo da Vinci o grandes obras de la vasta colección fotográfica del rey.

La visita dura 1 h aproximadamente y se puede combinar con una excursión al **palacio de Holyroodhouse** (p. 72), que está al lado. La galería se construyó a finales de la década de 1990, en terrenos de la contigua Holyrood Free Church y la Duchess of Gordon's School, a la entrada del palacio. Se recomienda no ir muy cargado, ya que siempre hay controles de seguridad.

Oír un soneto en la Scottish Poetry Library
BIBLIOTECA

PLANO: **5** P. 70 **A3**

La producción poética escocesa es notable y para leer, escuchar o investigar sobre sus poetas más famosos, se puede visitar la moderna **Scottish Poetry Library** *(scottishpoetrylibrary.org.uk; free),* escondida en Crichton's Close, entre Holyrood Rd y Canongate. Acoge lecturas periódicas, talleres y presentaciones, y también se venden algunas de sus 45 000 obras. Es la única institución de poesía del mundo que tiene como razón de ser el préstamo de obras.

Un té de capricho en Prestonfield House
TÉ DE LA TARDE

PLANO: **6** P. 70 **B6**

Prestonfield House *(prestonfield. com; té de la tarde desde 60 £)* es una mansión barroca y palacete de caza del s. XVII, con 8 Ha de parque y su propio campo de cróquet, campo de golf, pavos reales y vacas de las Highlands. Es un mundo aparte del resto de la ciudad, con porteros vestidos con *kilt* que reciben a los invitados. La decoración es una extraña

---

 EL PADRE DE LA GEOLOGÍA MODERNA

Tras su decisivo estudio de los Salisbury Crags en el s. XIX, James Hutton fue apodado "padre de la geología moderna". Los riscos de basalto, formados durante millones de años con la actividad volcánica y glacial, se convirtieron en su laboratorio al aire libre, y algunas zonas de roca expuestas fueron bautizadas en su honor. El reto para los cuidadores del parque es mantener la Hutton's Section y la Hutton's Rock abiertos al público: durante muchos años, se cerró el acceso por el riesgo de desprendimientos. En respuesta, **Historic Environment Scotland** *(historicenvironment.scot)* ha creado modelos digitales en 3D de ambos, para que se puedan explorar virtualmente.

combinación de la tradición de la era jacobita con algún toque moderno; algo a medio camino entre Carlos Eduardo Estuardo y Alexander McQueen.

Prestonfield es la imagen del lujo, el lugar ideal para tomar el té de la tarde con sándwiches, *macarons* y *scones* en alguno de sus salones llenos de antigüedades, sentado en una silla hecha con asta de venado, bajo unos preciosos tapices o un espejo de marco dorado.

En bici por el Innocent Railway

RUTA CICLISTA

PLANO: **7** P. 70 **B5**

El paseo en bici por el **Innocent Railway Path,** primera línea de ferrocarril subterráneo de Escocia convertida en sendero peatonal y ciclista, puede ser una memorable excursión de medio día. El ferrocarril se construyó para transportar carbón en la década de 1830 y fue la primera línea de Edimburgo, por la que pasaban cada día hasta 190 vagones tirados por caballos.

En una época en que los motores de vapor eran considerados peligrosos y demasiado rápidos, se pensó que la versión equina era una alternativa más segura.

La ruta empieza junto a Holyrood Park Rd y atraviesa un túnel de 518 m, lleno de grafitis, hasta llegar al verde de la Reserva Natural de Bawsinch, en dirección a Duddingston, Prestonfield y Brunstane, donde hay una estación de tren, por si se quiere volver a la de Waverley en 10 min a bordo de un moderno tren eléctrico. Si no, se tardará 1 h más o menos en cubrir la ruta de ida y vuelta a pie (5,6 km).

Relax y meditación en el Dr. Neil's Garden

JARDÍN

PLANO: **8** P. 70 **D6**

Toda ciudad necesita un espacio tranquilo, y el **jardín del Dr. Neil** *(drneilsgarden.co.uk; gratis),* entre la Duddingston Kirk y el Duddingston Loch, es el antídoto perfecto a las calles congestionadas y el ruido del tráfico, un lugar para contemplar las coníferas, el brezo

---

'AULD REEKIE'

Tiempo atrás, Edimburgo consumía grandes cantidades de carbón. En la sobrepoblada Old Town del s. XVII, con altos edificios apretujados en los estrechos callejones, el humo cubría la ciudad con un denso y apestoso *smog.* Muy pronto, Edimburgo recibió otro apodo, **Auld Reekie** ("Vieja humeante", en escocés antiguo). Hoy, el aire está más limpio, pero el mote y su impacto cultural siguen presentes. Para hacerse una idea de cómo era la ciudad cuando se vivía bajo el humo, se puede leer la obra maestra del poeta Robert Fergusson *Auld Reikie.*

y las hierbas de montaña, pero también prímulas, magnolias y azaleas, mientras uno se pregunta quién era el Dr. Neil.

De hecho, hubo dos Dr. Neils. El jardín botánico fue producto de la imaginación y del duro trabajo de los doctores Andrew y Nancy Neil, que consiguieron transformar un pedazo de terreno baldío en un oasis artístico y espiritual. El jardín lo gestionan voluntarios y se organizan charlas una vez al mes, durante todo el año.

Bolera de Sheep Heid Inn

'PUB' HISTÓRICO

PLANO: **9** P. 70 **D6**

Se cuentan historias fascinantes sobre la **Sheep Heid Inn** (*thesheepheidedinburgh.co.uk; gratis*) de Duddingston, y la del callejón de los bolos es de las más interesantes. Cuenta la leyenda que, en 1580, Jacobo VI jugó una vez a bolos en el patio de la taberna, y que quedó tan impresionado que les hizo un regalo a los dueños: una cajita de rapé hecha con una cabeza de carnero. La actual bolera data de 1882 y es tan popular que hay que reservar.

Otra historia cuenta cómo obtuvo su nombre el *pub*. Se dice que es porque los granjeros y carniceros vendían carcasas y otras partes de los animales en el mercado cercano. Pero la historia que más se oirá es que es el *pub* más antiguo en activo de Escocia.

Ruta del 'whisky' por Holyrood

CIRCUITO

PLANO: **10** P. 70 **A5**

Las destilerías urbanas están de moda en Escocia, pero esta, escondida en un callejón a la sombra de los Salisbury Crags, tiene algo especial. La **Holyrood Distillery** (*holyrooddistillery. co.uk; catas desde 12 £*), la primera destilería urbana de Edimburgo desde hace más de un siglo, abrió sus puertas en 2019 y ofrece visitas guiadas y entretenidas catas entre toneles de pulpa, cubas de fermentación, lavaderos y alambiques.

Las visitas a la destilería duran de 30 a 90 min. También produce ginebra y ron, y se pueden probar sus productos en el moderno bar.

En recuerdo del bardo de Escocia

MONUMENTO

PLANO: **11** P. 70 **A2**

A todo el mundo le suena la melodía del *Auld Lang Syne*. La canción fue obra de **Robert Burns,** considerado el poeta nacional de Escocia, y en Regent Rd, cerca del final de Princes St, se alza un **templo** neoclásico dedicado al poeta romántico.

El monumento ocupa un bucólico rincón a los pies de Calton Hill. Fue diseñado por el arquitecto Thomas Hamilton, artífice también de la Royal High School, enfrente, y evoca la belleza y las referencias a la naturaleza de las obras de

LA EDIMBURGO DE ROBERT BURNS

National Galleries Scotland: Portrait

PLANO: P. 87 **E3**

La colección incluye una estatua de mármol, grabados lineales y retratos al óleo del poeta.

Writers' Museum

PLANO: P. 37 **F2**

La Lady Stair's House es una oda a la vida y la obra de Burns y sus contemporáneos.

Estatua de Robert Burns

PLANO: P. 146

En la esquina de Bernard St y Constitution St, en Leith, hay una estatua en bronce del bardo, vestido con levita, sobre un pedestal de arenisca.

Burns. Está coronado por grifos y presenta una cámara interior decorada con liras.

Descubrir New Calton Burial Ground

CEMENTERIO

PLANO: **12** P. 70 **A2**

Si se va a visitar el monumento a Burns, vale la pena pasar por el escarpado **cementerio de New Calton,** interesante no solo por sus mausoleos, sino por las sublimes vistas de Holyrood desde la ladera, orientada al sur. Entre las tumbas más notables están la de la familia de Robert Louis Stevenson (el autor de *La isla del tesoro* está enterrado en Samoa) y la de William Knox, el poeta favorito de Abraham Lincoln. Una torre de vigilancia junto a la entrada recuerda la amenaza que suponía el **robo de cadáveres** (p. 57) en el s. XIX.

La curiosa casa de baños de la reina María

EDIFICIO HISTÓRICO

PLANO: **13** P. 70 **B2**

Al norte del palacio de Holyroodhouse, en Abbeyhill, está la **Queen Mary's Bath House,** de dos plantas, que los historiadores no acaban de descifrar del todo. El pabellón data de finales del s. XVI y, aunque se dice que es una casa de baños, es más probable que sirviera a la realeza como residencia de verano o palomar. Una leyenda algo dudosa afirma que María Estuardo solía bañarse aquí en vino blanco, como tratamiento de belleza.

Lo mejor para...

€ Económico **€€** Medio **€€€** Alto

Comer

A buen precio

Toast Tea **€**

 A3

Tostadas coreanas dulces y saladas, rollitos de arroz y tés con burbujas en una cafetería popular entre los estudiantes. *10.00-18.00 lu-sa*

Pakora Bar **€**

 A3

Emporio de las *pakora* y la comida callejera punyabí, de ambiente agradable y relajado, con su propia terraza. *12.00-21.00 ma-do*

Garden Room Cafe **€**

 D6

Es una extensión de la Duddingston Kirk y sirve pasteles, rollitos rellenos y bebidas calientes a parroquianos y transeúntes. Abre entre primavera y finales de verano. *10.00-16.00 ju y vi, 13.00-16.00 sa y do*

Cenas elegantes

Rhubarb **€€€**

 B6

La Prestonfield House, del s. XVII, no solo sirve el té de la tarde; también elegantes cenas, en un opulento comedor. *12.00-22.00*

Montrose **€€**

 B1

Restaurante y enoteca hermana del Timberyard, en el West End, en lo que era una taberna del s. XIX. En los menús degustación dominan los platos con ingredientes de temporada. *17.00-madrugada mi, 14.00-madrugada ju, 12.00-madrugada vi-do*

Beber

'Pubs'

Regent

 B1

Local *LGBTIQ-friendly* en el ajetreado cruce entre Easter Rd y Regent R, con cómodos sofás,

decoración ecléctica y una oferta de cervezas que va variando. *16.00-0.00*

'Whisky' y cerveza artesanal

Tipsy Midgie Whisky Bar

20 A5

Pequeño local con una enorme provisión de *whiskies*, descubrimientos de la destilería los jueves por la noche y propuestas de maridaje entre *whiskies* de malta y chocolates. *17.00-23.00 ju-do*

Bellfield Brewery

21 D1

Cervecería con jardín donde disfrutar todo el año de IPA sin gluten y *lagers* de grifo y picar algo, en pleno recinto de Abbeyhill, al norte del Holyrood Park. *14.30-22.00 mi y ju, 14.30-24.00 vi, 12.00-24.00 sa, 12.00-22.00 do*

Localizaciones en el plano de la **p. 70**

EXPLORA

HOLYROOD Y ARTHUR'S SEAT

Sugerencias
de lugares para
comer, beber
y comprar en
p. 106

Explora
New Town

La New Town de Edimburgo es una zona de la ciudad especial y con mucha personalidad. Junto con la Old Town, es Patrimonio Mundial y cubre 4,5 km² de zonas protegidas y reservas paisajísticas. Data de 1766, época de la Ilustración escocesa, cuando las obras de diseño urbano del arquitecto autodidacta James Craig crearon un patrón que se repite en la ciudad y que acabaría convirtiéndose en referencia para el urbanismo moderno. Se verán filas de casas georgianas y jardines privados, y también algunos de los cafés, *pubs* y restaurantes más bonitos de la ciudad.

Cómo desplazarse

Tranvía
Edinburgh Trams presta servicio entre el West End y Leith. Dos paradas de utilidad son Princes St (cerca del Mound) y St Andrew Sq (junto a la estación de Waverley).

Autobús
Princes St es un centro de conexiones de autobús con muchas líneas que circulan 24 h. Casi todos los autobuses paran únicamente en las paradas designadas.

Tren
Desde la estación de Waverley, al oeste de los jardines de Princes Street, se puede ir a pie a gran parte de la New Town.

LO MEJOR

GRANDES RETRATOS
National Galleries Scotland: Portrait (p. 88)

———

PÍCNIC PERFECTO
Jardines de Princes Street (p. 90)

———

ARTE GÓTICO
Monumento a Scott (p. 91)

———

VISTAS DE LA CIUDAD
Calton Hill (p. 97)

———

HORA DEL 'WHISKY'
Johnnie Walker Experience (p. 96)

Monumento a Scott (p. 91).

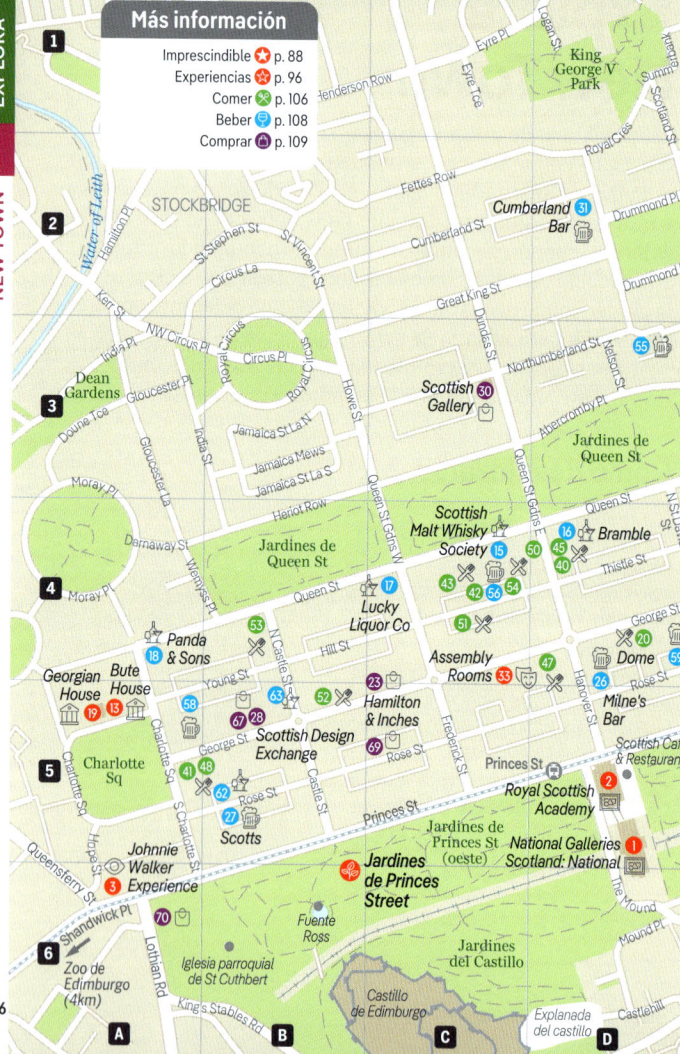

Más información

Imprescindible ⭐ p. 88
Experiencias ✳ p. 96
Comer ✖ p. 106
Beber 🍺 p. 108
Comprar 🛍 p. 109

STOCKBRIDGE

King George V Park

Cumberland Bar **31**

Eyre Pl
Eyre Tce
Henderson Row
Fettes Row
Cumberland St
Drummond Pl
Drummond Pl
Great King St
Dundas St
Northumberland St
Nelson St
Royal Cres
Scotland St

Water of Leith
Hamilton Pl
St Stephen St
St Vincent St
Circus La
Kerr St
India Pl
NW Circus Pl
Circus
Circus Pl
Howe St
Scottish Gallery **30**
Abercromby Pl
55

Dean Gardens
Doune Tce
Gloucester Pl
India St
Jamaica St La N
Jamaica Mews
Jamaica St La S
Heriot Row
Jardines de Queen St

Moray Pl
Darnaway St
Wemyss Pl
Jardines de Queen St
Queen St
Queen St Gdns W
Queen St Gdns E
Queen St
Scottish Malt Whisky Society **15**
16 ✖ Bramble
45
40
Thistle St

Moray Pl
Queen St
43 **42** **56** **54**
50
N St David St

Panda & Sons **18**
53
Lucky Liquor Co **17**
Hill St
51
Assembly Rooms **33**
47
26
George St
✖ **20**
Dome
🍺 **59**
Rose St

Georgian House **19**
Bute House **13**
Young St
58
63 **52**
23
Hamilton & Inches
69
Milne's Bar
Hanover St
Frederick St
Scottish Café & Restaurant

Charlotte Sq
67 **28**
Scottish Design Exchange
41 **48**
62
27
Scotts
Rose St
Castle St
George St
S Charlotte St
Charlotte St
Hope St
Princes St
Jardines de Princes St (oeste)
Royal Scottish Academy
National Galleries Scotland: National
2
1
The Mound

Queensferry St
Johnnie Walker Experience
3
70
Shandwick Pl
Lothian Rd
Jardines de Princes Street
Fuente Ross
Iglesia parroquial de St Cuthbert
King's Stables Rd
Castillo de Edimburgo
Jardines del Castillo
Explanada del castillo
Castlehill
Mound Pl

Zoo de Edimburgo (4km)

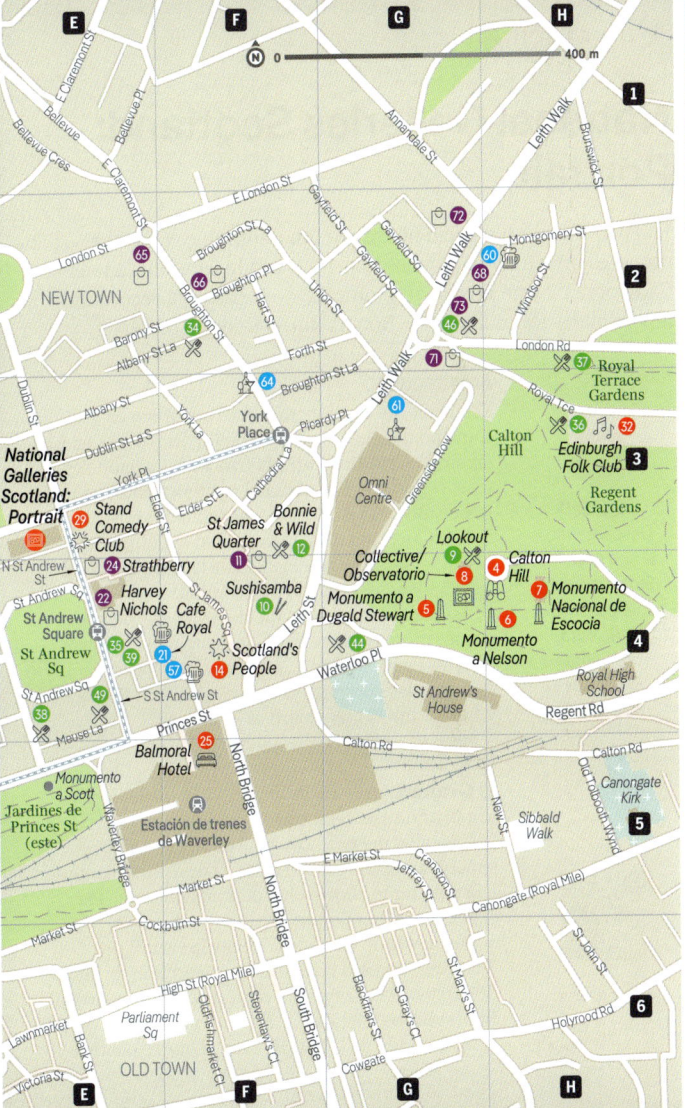

NEW TOWN

National
Galleries
Scotland:
Portrait

St James
Quarter

Stand
Comedy
Club

Strathberry

Harvey
Nichols

Café
Royal

Bonnie
& Wild

Sushisamba

Scotland's
People

Collective/
Observatorio

Lookout

Calton
Hill

Monumento a
Dugald Stewart

Monumento
Nacional de
Escocia

Monumento
a Nelson

Calton
Hill

Edinburgh
Folk Club

Royal
Terrace
Gardens

Regent
Gardens

Omni
Centre

York
Place

St Andrew
Square

St Andrew
Sq

Balmoral
Hotel

Monumento
a Scott

Jardines de
Príncipes St
(este)

Estación de trenes
de Waverley

St Andrew's
House

Royal High
School

Canongate
Kirk

Sibbald
Walk

Parliament
Sq

OLD TOWN

★ IMPRESCINDIBLE

National Galleries Scotland: Portrait

La Portrait, en un palacio neogótico tan admirable como sus obras, es un tributo a quienes han contribuido a definir la nación. Cada obra de arte ilustra un momento de la historia, recordando a personajes legendarios, de Robert Burns a Sean Connery.

PLANO: P. 87 **E3**

CONSEJO
Descargando la *app* gratuita **Smartify,** con solo escanear cada obra se podrá descubrir su historia.

Escanea este código QR para ampliar información.

Arquitectura

El edificio, de arenisca roja, fue construido en 1889 como homenaje a los héroes de Escocia, pero tiene un aire eclesiástico, con sus vitrales, sus chapiteles y sus esculturas. Fue obra del arquitecto victoriano Robert Rowand Anderson, que también construyó el salón McEwan de la Universidad de Edimburgo e hizo retoques a la residencia de la familia real en las Highlands, el castillo de Balmoral.

Así pues, el edificio es un elemento esencial de la visita, con sus luminosas salas llenas de magníficos retratos de reyes, reinas, artistas y científicos. Dos grandes guerreros escoceses –William Wallace y Robert the Bruce– guardan la entrada.

Gran Salón

El **Gran Salón** (foto) es una sublime introducción a la historia escocesa, con retratos que ilustran la evolución del país. Las galerías se extienden simétricamente a ambos lados y en sus tres plantas albergan tanto la colección permanente como las exposiciones temporales.

Fue diseñado como "enciclopedia visual" de escoceses famosos y, además de la sucesión de bustos de mármol y de la estatua central del bardo nacional, Robert Burns, incluye un friso procesional que recorre la balaustrada de la 1ª planta, en el que se pueden

MINKA GUIDES/SHUTTERSTOCK ©

identificar grandes figuras de la ciencia (James Watt y David Livingstone), la filosofía (Thomas Carlyle y David Hume), la religión (san Niniano) y la realeza (los Estuardo).

Galerías principales

Tras echar un vistazo al techo, pintado con 2000 estrellas y 47 constelaciones, se puede subir a las **galerías principales.** Para hacer justicia a la colección hará falta al menos 1 h, ya que hay unas 700 obras de arte. Entre las más destacadas están los retratos de **Carlos Eduardo Estuardo** del antes y el después –de enérgico revolucionario jacobita a alcohólico exiliado en Roma– y toda una serie de iconos de la cultura popular y el deporte, desde el actor Alan Cumming hasta el jugador de rugbi Doddie Weir o el humorista **Billy Connolly** con sus famosas botas de plátano.

UNA PAUSA
El **Cafe Portrait** sirve café, pasteles, sopas y sándwiches, y tiene una gran oferta vegana y vegetariana. El techo abovedado y las ventanas de estilo gótico le aportan ambiente.

★ IMPRESCINDIBLE

Jardines de Princes Street

El parque urbano más vistoso del Reino Unido puede disfrutarse en todas las estaciones. Ofrece estupendas vistas del castillo de Edimburgo y los edificios de la Royal Mile, y es ideal para llenar la cámara de fotos y el corazón de recuerdos.

PLANO: P. 86 **B6**

CONSEJO
Los jardines se llenan de gente a la hora del almuerzo, de lunes a viernes, y los fines de semana de sol, pero siempre se encontrará algún rincón tranquilo.

Escanea este código QR para ampliar información.

Nor' Loch

Pocos edimburgueses saben cómo nacieron los jardines de Princes Street, pero la historia es interesante. En principio, aquí estaba el **Nor' Loch,** construido como baluarte del castillo de Edimburgo, pero con el tiempo fue acumulando todo el fango y la mugre que caía de las callejuelas de la Royal Mile y se convirtió en un pantano insalubre.

Con la creación de la New Town, a partir de 1767, se drenó el *loch* para conectar las dos partes de la ciudad y así nacieron los jardines. Se dice que el **Mound,** que ahora conecta la Old Town y la New Town, se creó con unos 2 millones de carretadas de tierra extraída de los cimientos de las casas que se estaban construyendo.

El oeste del parque

Los jardines quedan divididos en dos por el Mound y la Scottish National Gallery, y la parte oeste cuenta con la mayor cantidad de zonas verdes, tiene más puntos de interés y mayor encanto. Se puede empezar por la **iglesia parroquial de St Cuthbert,** con otro de los misteriosos cementerios de la ciudad, donde Jacobo IV tuvo unos establos. Al lado se encuentra la bonita **fuente Ross,** victoriana, de hierro forjado y de color verde y rosa, con unas vistas estupendas del castillo de Edimburgo.

SHAIITH/SHUTTERSTOCK ©

Y al este...

En Edimburgo hay muchas construcciones impresionantes, pero el **monumento a Scott** (foto) merece especial mención. El impresionante chapitel neogótico construido en recuerdo del novelista sir Walter Scott a su muerte, en 1832, contiene tallas de 64 personajes de sus novelas, desde Rob Roy hasta Ivanhoe, y bustos de poetas y escritores como lord Byron o James Hogg.

En el interior, 287 escalones llevan a lo alto para disfrutar de las vistas de la ciudad. La construcción, de 60 m de altura, es una estructura monolítica de arenisca ennegrecida con el tiempo, lo que hace que llame aún más la atención, como salida de una novela de la Tierra Media de J.R.R. Tolkien.

UNA PAUSA
El **Scottish Cafe & Restaurant,** que asoma desde la National Gallery, bajo la Royal Scottish Academy, en la zona oriental de los jardines, sirve tentempiés y platos escoceses típicos.

 CIRCUITO A PIE

Recorrido por la New Town

Los jardines de Princes St son el eje principal de este paseo entre dos de los lugares más bonitos de la New Town. Por el camino se hallarán arte, arquitectura, historia secreta y cultural moderna de la ciudad, que destilan las mejores esencias de este barrio de época georgiana. Podría alargarse y ocupar gran parte del día.

INICIO	FINAL	DURACIÓN
Calton Hill	Georgian House	2,5 km; 1-2 h

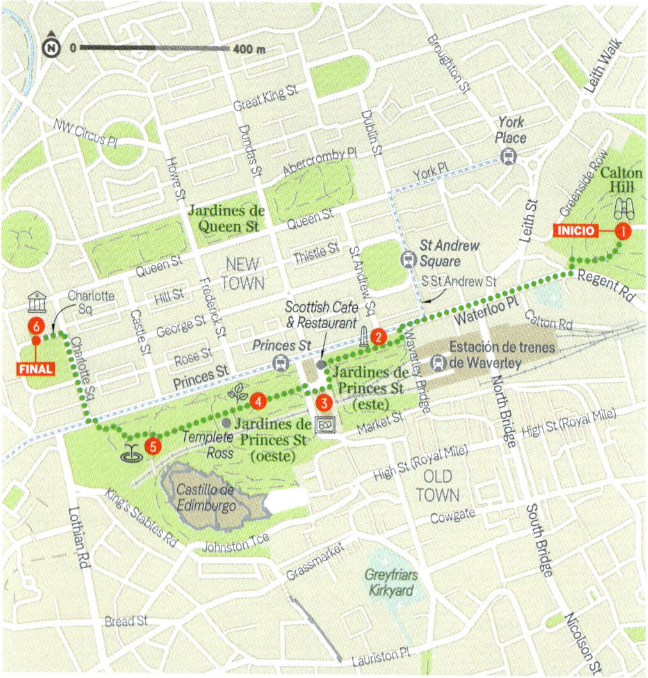

① En lo alto de Calton Hill

Desde Princes St, se sigue Waterloo Pl hacia el este y se suben las escaleras hasta el sublime mirador de **Calton Hill** (p. 97), para disfrutar de las vistas de 360º de la ciudad. Contemplando el castillo de Edimburgo, el Arthur's Seat y el estuario del Forth se entenderá el porqué de tantos monumentos conmemorativos.

② Un monumento con vistas

En la época victoriana había una gran devoción por el escritor sir Walter Scott, autor de novelas históricas muy conocidas, lo que suscitó la construcción del **monumento a Scott** (p. 91) frente a la estación de Waverley. Se llega dando un breve paseo al oeste desde la base de Calton Hill, y vale la pena subir para disfrutar de las vistas.

③ Almuerzo artístico

A continuación, se encuentra la **National Gallery** (p. 96), en el punto medio de los jardines. Aquí se podría pasar media jornada admirando obras de maestros como Van Gogh, Cézanne, Rembrandt o Monet, pero también es un lugar estupendo para hacer una pausa y tomar café y pastel o cenar algo en el Scottish Cafe & Restaurant.

④ Concierto en el parque

Luego, se baja la escalinata del Mound hacia el lado oeste de los **jardines de Princes Street** (p. 90) y se pasa junto al reloj floral, considerado el más antiguo del mundo. De los dos senderos que atraviesan los jardines, hay que tomar el más bajo y seguir hacia el oeste, pasando junto a unos monumentos y el **templete Ross,** un lugar estupendo para asistir a conciertos al aire libre.

⑤ Panorámica del castillo

La ruta sigue hasta la imponente **fuente Ross** (p. 90), que lanza sus chorros al cielo, con la imponente imagen del castillo de Edimburgo al fondo. A su lado hay una cafetería donde se puede tomar un helado o café.

⑥ Arquitectura georgiana

Pasando la iglesia de St John, se suben las escaleras y se sigue al norte hacia Charlotte Sq, una maravilla del diseño neoclásico. En el lado norte se alza la **Georgian House** (p. 101), un museo de época con salones llenos de pinturas y decorados con mobiliario del s. XIX.

CIRCUITO A PIE

Un paseo con escoceses insignes

María Estuardo, Robert Burns, sir Walter Scott, Alex Salmond, Nicola Sturgeon, Ian Rankin... Estos escoceses, tanto los antiguos como los modernos, han dejado huella en la New Town. Esta ruta visita lugares relacionados con ellos y permite comer, beber y meditar en los sitios por donde pasaron.

INICIO	FINAL	DURACIÓN
Royal Scottish Academy	Young St	2,5 km; 2-3 h

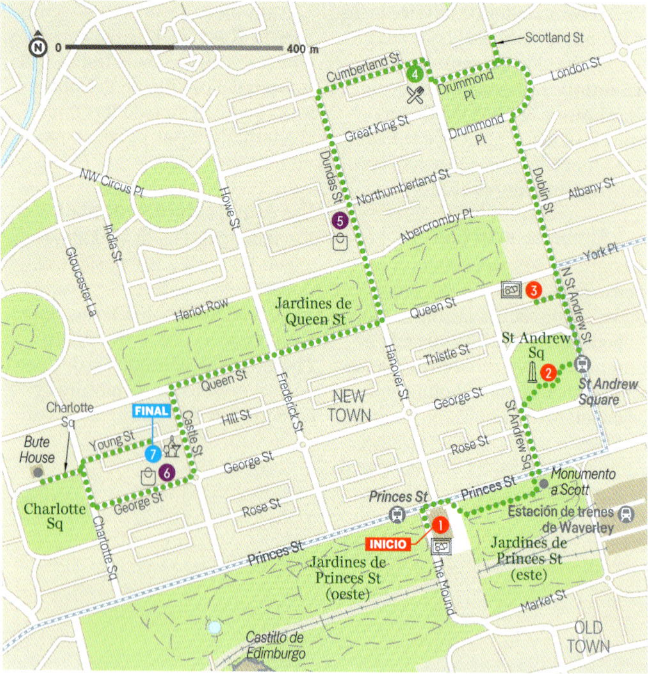

1 Arte de vanguardia

El magnífico edificio georgiano de la **Royal Scottish Academy** (p. 96), en Princes St, es el punto de partida, donde se podrá admirar lo último en arte contemporáneo.

2 Polémica reliquia

Siguiendo al este, más allá del **monumento a Scott** (p. 91) –el segundo mayor monumento erigido en honor a un escritor–, se gira hacia el norte para llegar a St Andrew Sq. En el centro de la plaza está el **monumento a Melville,** en honor al político más importante del país a finales del s. XVIII, hoy una figura controvertida, debido a su apoyo al comercio de esclavos por el Atlántico.

3 Galería de los famosos

En el extremo norte de la plaza se encuentra la **National Galleries Scotland: Portrait** (p. 88), con esculturas de personajes como María Estuardo que contemplan al visitante desde lo alto. Es una buena ocasión para conocer a los héroes patrios: Robert Burns ocupa un lugar central en el imponente Gran Salón.

4 Paseo literario

A continuación, se impone dar un paseo por las elegantes calles del corazón de la New Town, acabando en Scotland St, que cobró vida en la serie de novelas *44 Scotland Street,* del escritor Alexander

McCall. Cerca de allí está el **Cumberland Bar** (p. 105), con su decoración en madera, latón y espejos, ideal para picar algo. También aparece en la obra del escritor.

5 De tiendas y de galerías

Se sigue al oeste por Cumberland St y luego a la izquierda por Dundas St, llena de tiendas y con media docena de galerías. Desde 1842, la **Scottish Gallery** (p. 104) da un toque de color a esta calle de casas de arenisca.

6 Diseño y autogobierno

Hay que hacer un zigzag por Queen St y Castle St hasta George St, y allí se gira a la derecha para llegar al **Scottish Design Exchange** (p. 103), un colectivo de 300 artistas y diseñadores donde se puede comprar algún recuerdo único. Luego, se pasa frente a la **Bute House** (p. 99), en Charlotte Sq. Es la residencia oficial del primer ministro de Escocia, puesto que ocuparon anteriormente Alex Salmond y Nicola Sturgeon.

7 El crimen perfecto

Es hora de tomarse una pinta. El **Oxford Bar,** en Young St, es el favorito de Ian Rankin (p. 104), el escritor de novela negra más famoso de la ciudad y creador del inspector Rebus, un lugar perfecto para poner fin a este recorrido artístico.

EXPERIENCIAS

Siete siglos de arte en la National

GALERÍA

PLANO: **1** P. 86 **D5**

Las columnas dóricas y los pórticos jónicos de la **National Galleries Scotland: National** (*nationalgalleries.org; gratis*), elevados sobre los jardines de Princes Street y junto al Mound, forman un portal que da paso a siglos de obras de grandes artistas. La galería concentra la mayor colección de arte del país, así que, quien sea sensible a los claroscuros de Tintoretto o Tiziano o a las obras de Van Dyck, Vermeer, Rembrandt o Rubens, necesitará varias horas.

Sus salas octogonales, con paredes escarlata y alfombras verde bosque, trazan la evolución de la historia del arte desde 1300 a 1945, combinando obras de artistas escoceses menos conocidos con las de los grandes maestros. Entre los ejemplos más destacados están las obras de Phoebe Anna Traquair, William McTaggart o Anne Redpath. También están representados Charles Rennie Mackintosh y los Glasgow Boys (un grupo de artistas muy influyentes de finales del s. XIX), y el óleo *El monarca del valle,* de sir Edwin Landseer, un referente para los escoceses.

Grandes artistas del mañana

GALERÍA

PLANO: **2** P. 86 **D5**

El famoso arquitecto escocés William Henry Playfair, cuya influencia se puede apreciar en los edificios neoclásicos de toda la New Town, es el autor del edificio de la **Royal Scottish Academy** (*royalscottishacademy.org; gratis*), situado junto a la National, también obra suya. Este imponente templo dórico contribuyó a que Edimburgo recibiera el apodo de la Atenas del norte. De hecho, los dos edificios son tan parecidos que hasta los edimburgueses los confunden.

Las diferencias son más evidentes una vez dentro de las galerías superiores e inferiores. No hay colección permanente y, dado que el objetivo de la academia es potenciar el talento local, estos espacios se dedican a muestras temporales, conferencias y a la prestigiosa **RSA Annual Exhibition,** celebrada entre mayo y junio. No solo es la exposición anual de arte contemporáneo con más tradición del país, sino también la mayor. La Academy está unida a la National por un paso subterráneo, por si alguien quiere sesión doble de arte.

Una copa con vistas

WHISKERÍA

Es lógico pensar que Edimburgo es el mejor lugar del mundo para degustar un *whisky* de malta. En los últimos años, la popularidad del *whisky* ha aumentado, y la llegada de la **Johnnie Walker Experience** (PLANO: **3** P. 86 **A6**; *johnniewalker.com, desde 30 £*), en Princes St, ha sido uno de los factores decisivos de este fenómeno.

Durante la visita de 90 min a este complejo de ocho plantas se podrá recorrer la historia de la marca de *whisky* más popular del mundo, entre actuaciones, juegos de luces y cócteles (con o sin alcohol). Y si no se tiene tanto tiempo, vale la pena visitar al menos el **1820 Rooftop Bar** (véase **3 A6**), una relajante terraza donde se puede degustar la bebida nacional de Escocia disfrutando de las vistas del castillo. Otra opción es el bar **Explorers' Bothy,** donde los cócteles se combinan con una cocina de estrella Michelin.

Los imponentes monumentos de Calton Hill   MONUMENTOS

Puede que el nombre del filósofo Dugald Stewart esté más vivo ahora que en su propio tiempo. Vivió de 1753 a 1828 y fue un miembro clave de la Ilustración escocesa, y aun así, el monumento erigido en su recuerdo en **Calton Hill** (PLANO: **4** P. 87 **H4**) –un templo con nueve columnas corintias en torno a una urna elevada– aparece hoy en cientos de postales y millones de *posts* de Instagram. Si se ha visto una foto del perfil urbano de Edimburgo, seguro que se ha visto el **monumento a Dugald Stewart** (PLANO: **5** P. 87 **G4**) en el centro, con el castillo de Edimburgo al fondo y la **torre del reloj del Balmoral** (p. 102) a un lado.

Desde aquí, solo hay un paseo al **monumento a Nelson** (PLANO: **6** P. 86 **H4**), construido para conmemorar la victoria del almirante Nelson en Trafalgar, en 1805. La torre representa un telescopio del revés, en un guiño al instrumento tan usado por este héroe naval antes de las batallas, y si se ascienden sus 143 escalones se disfrutará de mejores vistas. Solo se tardan 5 min en subir las escaleras desde Waterloo Place hasta la cumbre.

El críptico Monumento Nacional   MONUMENTO

Junto al monumento a Nelson, en Calton Hill, aparece el **Monumento Nacional de Escocia** (PLANO: **7** P. 86 **H4**) y con él surgen las preguntas: ¿intentaron crear los arquitectos un Valhalla escocés o pretendían imitar el Partenón de Atenas? ¿O es que está inacabado?

 'WOJTEK', EL OSO SOLDADO

Wojtek no era un oso cualquiera: este plantígrado combatió con las tropas polacas durante la II Guerra Mundial y, tras la guerra, fue trasladado al **zoo de Edimburgo** (p. 121), donde vivió 22 años. Ahora se puede ver una estatua en su honor en los **jardines de Princes Street** (p. 90), un sentido homenaje al estrecho vínculo que une Polonia y Escocia.

Lo cierto es que se quedaron sin presupuesto durante la construcción. Aunque las obras empezaron en 1826, el monumento nunca llegó a completarse. Solo se construyeron una docena de columnas. Como es habitual, los edimburgueses le han dedicado diversos apodos; entre los que se pueden reproducir figuran "Desgracia de Edimburgo" u "Orgullo y Pobreza de Escocia". Es una lástima, porque pretendía ser un homenaje a los soldados y marineros que perdieron la vida luchando en las guerras napoleónicas.

Visita al antiguo observatorio
EDIFICIO HISTÓRICO

PLANO: **8** P. 86 **G4**

Y aún hay más en Calton Hill. A principios del s. XIX, centró la actividad astronómica de Edimburgo, y el edificio más antiguo que se conserva en la cima es el antiguo observatorio de la ciudad, hoy sede de **Collective** *(collective-edinburgh.art; gratis)*, un centro de artes visuales muy

activo que ofrece un completo programa de muestras, eventos, talleres dirigidos por artistas y charlas.

El edificio tiene espacios diversos que explorar, desde la **Hillside Gallery** o la **Viewing Terrace** hasta la **Dome Gallery.** También hay mucha historia que descubrir: una anécdota poco conocida cuenta que el observatorio sirvió para facilitar la navegación a los barcos que traían azúcar, ron, pescado seco y otras mercancías de las plantaciones de esclavos del Caribe al puerto de Leith.

Cena con vistas
RESTAURANTES PANORÁMICOS

The Lookout (*thelookoutedinburgh. co; almuerzo/cena 35/65 £;* PLANO: **9** P. 86 **G4**) es un destino memorable para una cena. Las vistas desde lo alto de Calton Hill son estupendas, pero desde este restaurante junto al **Monumento Nacional de Escocia** (p. 97) son aún mejores, y se pueden disfrutar acompañadas de un menú degustación elaborado con productos locales (tarta de

---

 LAS SIETE COLINAS DE EDIMBURGO

Paseando por las calles adoquinadas de Edimburgo no se tardará mucho en observar los desniveles de la urbe, que sube y baja constantemente. La ciudad está construida sobre siete colinas y cada una de ellas ofrece una imagen diferente del paisaje urbano. **Castle Rock, Arthur's Seat** y **Calton Hill** son las más conocidas, pero hay más: el monte **Blackford** es el preferido por los edimburgueses para los días claros de verano, mientras que **Corstorphine,** con vistas al zoo, tiene en la cima la Corstorphine Hill Tower, otro monumento en recuerdo a sir Walter Scott.

cangrejos de Dunbar, lomo de corzo de Perthshire, vieiras de las Órcadas...). También es posible poner un LP de la colección de vinilos del restaurante.

Observando el paisaje urbano se distinguirá el perfil del hotel W Edimburgh, con una espiral de metal que se ha convertido en toda una referencia, en parte porque muchos ven un parecido con el *emoji* de la caca (ciertamente). Sea como fuere, la cena en su restaurante **Sushisamba** (PLANO: ⑩ P. 86 **F4**; *sushisamba.com*) es una delicia. Es de cocina de fusión peruana-japonesa y está en la 10ª planta, desde donde se dominan unas vistas de las azoteas de Edimburgo que mejoran aún más con sus espléndidos cócteles.

St James, paraíso de las compras   ZONA COMERCIAL

En torno al hotel W Edinburgh se distribuye el **St James Quarter** (PLANO: ⑪ P. 86 **F4**; *stjamesquarter. com*), la mayor zona comercial de la ciudad, resultado de un proyecto urbanístico multimillonario al final de Leith Walk. No es un centro comercial estándar, sino una galería de tres plantas en forma de media luna, con techos de cristal, que reúne decenas de grandes marcas, desde John Lewis, H&M y Levi's hasta ropa de diseño como Boss, Calvin Klein o Tommy Hilfiger, pero eso solo en cuanto a tiendas.

Si se quiere comer, hay decenas de opciones interesantes en

Bonnie & Wild (PLANO: ⑫ P. 86 **F3**; *bonnieandwildmarket.com*), mercado y zona gastronómica con una docena de puestos y tiendas especializadas entre las que destacan la charcutería fina Soup & Caboodle o los mejillones de las Shetland y los tacos de pescado de Creel Caught by Gary Maclean.

Historia política de la Bute House   EDIFICIO HISTÓRICO

PLANO: ⑬ P. 86 **A5**

Si las paredes de la **Bute House** pudieran hablar, contarían los escándalos, las negociaciones ocultas y las campañas electorales lanzadas desde Charlotte Sq. Desde 1999, esta casa de cuatro plantas ha sido la residencia oficial del primer ministro de Escocia, y las tres décadas anteriores fue residencia oficial del secretario de Estado para Escocia.

El edificio fue diseñado por Robert Adam, uno de los arquitectos neoclásicos más destacados del proceso de urbanización de la New Town. También se puede ver su huella en otros edificios de la ciudad, desde el Royal Exchange (hoy las City Chambers) hasta la Register House (hoy el Archivo Nacional de Escocia). La Bute House no está abierta al público y, en realidad, el primer ministro no está obligado a vivir aquí con su familia, a diferencia de lo que ocurre en el 10 de Downing St, en Londres. De hecho, al igual que sucede con la contigua **Georgian House** (p. 101), el edificio y el mobiliario son propiedad de la National Trust for Scotland.

Rastrear la historia familiar en el Scotland's People Centre
ARCHIVO

PLANO: **14** P. 86 **F4**

En el extremo este de Princes St se halla **Scotland's People** *(scotlandspeople.gov.uk; gratis),* donde muchos visitantes acuden a buscar sus ancestros. Es un buen lugar para trazar la genealogía familiar: una vez dentro del Registro General, bonito edificio diseñado por Robert Adam, se pueden buscar inscripciones de nacimientos, matrimonios y funerales desde 1553 en adelante, y encontrar datos que arrojen luz sobre el pasado.

Saberlo todo sobre el 'whisky' de malta
WHISKERÍA

PLANO: **15** P. 86 **C4**

Por su nombre, la **Scottish Malt Whisky Society** *(smws.com)* podría parecer un ampuloso club de caballeros victorianos, pero nada más lejos de la realidad. Se creó en 1983 y básicamente busca la difusión del conocimiento sobre el *whisky.* Todo el mundo es bienvenido, desde novatos hasta expertos.

Aunque para hacerse socio hay que pagar *(anualidad 85 £),* la sociedad también gestiona el **Kaleidoscope Bar,** un bar en Queen St abierto al público. Aficionados o principiantes pueden entrar y degustar sus *whiskies* de edición limitada. También hay restaurante, y la sociedad vende pases de **miembro por un día** *(18 £)* para disfrutar de la experiencia completa, aquí y en su sede principal, los **Vaults,** en Leith.

Por las coctelerías de Queen Street
VIDA NOCTURNA

La New Town es el barrio de las coctelerías, donde *mixólogos* expertos combinan licores y zumos con la habilidad de un prestidigitador. La gente acude a beber y disfrutar del espectáculo al son que marcan los DJ, entre copas más o menos cargadas que hacen que la noche discurra sin sentir.

La prueba más clara de esta tendencia es que en **Queen Street** hay tres coctelerías de fama mundial. Hay quien dice que **Bramble** (PLANO: **16** P. 86 **D4**), con mucha música, un ambiente acogedor y luces tenues, fue el precursor, un local elegante pero sin pretensiones, creado por dos baristas de la ciudad hace 20 años, los mismos que gestionan el **Lucky Liquor Co** (PLANO: **17** P. 86 **C4**), algo más allá, donde se pueden tomar *negronis* de ruibarbo, *gimlets* a la albahaca y daiquiris al sésamo acompañados de perritos calientes al estilo Nueva York; la gracia de este local es que solo usan 13 licores e ingredientes propios que van rotando. Otro local interesante es

Panda & Sons (PLANO: ⬤18 P. 86 **A4**), una especie de local clandestino disfrazado de barbería antigua.

Un viaje en el tiempo en la Georgian House
MUSEO

PLANO: ⬤19 P. 86 **A5**

La magnífica **Georgian House** (*nts.org.uk; desde 12,50 £*), en Charlotte Sq, está gestionada por la National Trust y muestra cómo vivían los ricos en la Edimburgo de finales del s. XVIII, época en que la New Town bullía de actividad económica y creatividad. En sus salones y comedores se exponen trajes, muebles y preciosas colecciones de porcelana, cristal y plata, y la cocina y las dependencias del servicio muestran las enormes desigualdades que había entre patrones y criados por todo el país. De las paredes cuelgan cuadros de Allan Ramsay, sir Henry Raeburn y Alexander Nasmyth, todos de esa época.

Además de ocuparse de la conservación, la National Trust organiza exposiciones periódicas, incluidas con el precio de la entrada. El museo cierra de finales de noviembre a finales de febrero.

Paseando por una calle victoriana
CALLE

George Street, que discurre de Charlotte Sq, al oeste, a St Andrew Sq, al este, es a Edimburgo lo que los Campos Elíseos a París. Se construyó un siglo antes que su homóloga parisina, en la década de

LOS MEJORES BARES CON VISTAS

Para contemplar el paisaje urbano de Edimburgo, no hay nada como hacerlo desde lo alto, y mejor aún con un cóctel de *whisky* en la mano.

Joao's Place
véase ⬤10 **F4**

En el W Edinburgh, con vistas a Leith. Tiene la estética de un bar clandestino, con un acogedor ambiente brasileño.

Lamplighters
véase ⬤35 **E4**

Local para los amantes de los cócteles, con una estética *art déco* y un balcón con vistas a St Andrew Sq. Pero hay que alojarse en el Gleneagles Townhouse para poder entrar.

1820 Rooftop Bar

El bar de la Johnnie Walker Experience tiene unas vistas excepcionales, pero habrá que compartirlas con muchos otros visitantes. (p. 97)

1760, y era la calle principal de la New Town, flanqueada de elegantes casas que con el tiempo han sido reemplazadas por restaurantes, cafés y tiendas.

Uno no sabe dónde mirar, entre edificios, estatuas y las vistas del estuario del Forth, que juega al escondite en cada cruce, hacia el

LAS MEJORES COMPRAS DE LUJO

Harvey Nichols

PLANO: **22** P. 86 **E4**

Los grandes almacenes más *chic* de la capital, con cuatro plantas llenas de marcas de diseño.

Hamilton & Inches

PLANO: **23** P. 86 **C4**

En George St., venden joyas y relojes de lujo desde 1866.

Strathberry

PLANO: **24** P. 86 **E4**

Bolsos, bolsas de cuero y monederos de diseño hechos en Edimburgo, en la lujosa Multrees Walk.

---

norte. Hay esculturas en memoria de Jorge IV (aunque la calle se llama así en honor a su padre), a William Pitt el Joven (el primer jefe de Gobierno del Reino Unido) y del científico escocés James Clerk Maxwell, que formuló la teoría electromagnética. Vale la pena echar un vistazo dentro del **Dome** (PLANO: **20** P. 86 **D4**; *thedomeedinburgh. com*), edificio construido como sede central de un banco, con esbeltas columnas y un frontón neoclásico. Actualmente acoge un popular restaurante-bar y club nocturno.

De copas en un 'pub' victoriano

'PUB' HISTÓRICO

PLANO: **21** P. 86 **F4**

La elaborada decoración del **Cafe Royal** (*caferoyaledinburgh.com*) hace que no se parezca en nada a un típico *pub*. De las paredes, con azulejos, cuelgan espejos dorados y murales de cerámica, y a eso se suma una rica combinación de vitrales, lámparas de araña, molduras doradas y detalles victorianos. Impresionante.

La historia de fondo es que el *pub* abrió en 1826 como primer local de ostras y champán de Escocia y, a pesar del paso del tiempo, sigue atrayendo a propios y extraños. Sobre la barra aparecen montones de langostas, gambas del Atlántico, langostinos y ostras Loch Fyne de la costa oeste.

Estancia de lujo en el Balmoral

HOTEL

PLANO: **25** P. 86 **F5**

El hotel de cinco estrellas más lujoso de la ciudad, de época victoriana, es también una importante atracción turística. Fue construido como hotel de la estación por la North British Railway Company y su diseño renacentista pretendía establecer un vínculo entre la arquitectura de la Old Town y los edificios más clásicos de la New Town. Para los edimburgueses, el **Balmoral,** gestionado por la cadena de hoteles de lujo Rocco Forte, es conocido, sobre todo, por su **torre del reloj,** de 58 m de altura. Como dato curioso, el reloj va 3 min adelantado para que nadie pierda el tren, salvo en Nochevieja, cuando da la hora exacta.

El hotel contiene una serie de lujosos bares y restaurantes, abiertos también a los no clientes, como el Number One, de categoría Michelin. Los fans de *Harry Potter* querrán saber que la **JK Rowling Suite,** con el picaporte en forma de búho y la entrada cubierta de estrellas, es donde la escritora acabó de escribir el último libro de la serie, en el 2007.

Explorar la historia de Rose Street
PASEO

El arquitecto James Craig supervisó la construcción de la New Town, y el origen de **Rose Street** data de finales del s. XVIII. Esta calle peatonal toma su nombre de la flor nacional de Inglaterra y discurre en paralelo a Thistle St (calle del Cardo, símbolo floral de Escocia). Haciendo honor a su nombre, ha acabado convirtiéndose en una de las calles más llenas de color y personalidad de Edimburgo.

En un tiempo fue uno de los centros de prostitución de la ciudad, pero en las décadas de 1950 y 1960 se convirtió en punto de encuentro de poetas de la nueva ola escocesa, como Hugh MacDiarmid. Uno de sus lugares de encuentro era el **Milne's Bar** (PLANO: ㉖ P. 86 **D4**). Hoy en día abundan los *pubs,* las tiendas y los restaurantes, que atraen a

los turistas. No hay que pasar por alto el **Scotts** (PLANO: ㉗ P. 86 **B5**), el *pub* más antiguo de la New Town, construido en 1790.

Comercio justo en el Scottish Design Exchange
COMPRAS

PLANO: ㉘ P. 86 **B5**

Una pala de *pizza* de madera de barrica de *whisky,* un juego de posavasos con imágenes de Edimburgo, bordados en punto de cruz con palabras escocesas, pendientes de caracola, jabón de avena y miel. Estos son algunos de los recuerdos que se pueden comprar en el **Scottish Design Exchange** (*scottishdesignexchange. com),* en George St. Esta iniciativa de un grupo de artistas locales para evitar la explotación de las grandes cadenas ha dado lugar a una tienda llena de cosas de casa, joyas, láminas, velas y posavasos elaborados por un colectivo de más de 300 artistas, diseñadores gráficos y creadores en general.

Y parece que han tenido éxito: actualmente hay otro grupo de 20 puestos de arte y diseño en el **mercado de Tron Kirk,** en la Royal Mile. Ambos abren los siete días de la semana.

El primer Club de la Comedia de Edimburgo
HUMOR

PLANO: ㉙ P. 86 **E3**

El famoso humorista Stewart Lee y el presentador de televisión estadounidense John Oliver declararon una vez que el **Stand Comedy Club** *(thestand.co.uk),* en York Place, era uno de los mejores del mundo.

Y con motivo: este club en un sótano es pequeño e íntimo, y resulta especialmente atractivo durante el **Edinburgh Festival Fringe** (p. 62), cuando presenta nuevos talentos y veteranos que convierten este escenario en el mejor. Su éxito ha sido dar voz a todos, presentar espectáculos benéficos y crear una dinámica comunidad de humoristas en la New Town. Los lunes por la noche, la sesión **Red Raw** se abre a nuevas propuestas, y es una ganga: 6 £ por 130 min.

Dundas Street, la calle de las galerías

GALERÍAS

En Dundas Street hay tantos especialistas en artes decorativas, diseño y arte escocés que no es fácil mantenerse al corriente. Su media docena de galerías y espacios expositivos son un gran escaparate de las tendencias artísticas de la ciudad.

Yendo cuesta abajo, hacia el norte, primero se pasará por la **Open Eye Gallery,** luego por la **&Gallery,** la **Harvey and Wood,** la **Arusha Gallery,** la **Fine Art Society** y la **Birch Tree Gallery**. La **Scottish Gallery** (PLANO: **30** P. 86 **C3**) es la pionera, y **Dundas Street Gallery** es un espacio expositivo de alquiler. Los horarios varían según las exposiciones, pero la sensación general es la de estar en una feria del arte, un buen retrato de una comunidad con vocación artística.

De paseo con Alexander McCall Smith

PASEO

PLANO: **31** P. 86 **D2**

Alexander McCall Smith, autor de la exitosa serie de libros *La primera agencia de mujeres detectives,* habla maravillas de su ciudad en sus obras, exaltando las vistas urbanas y cómo cambian el cielo y la luz. Lo que más le gusta es la New Town, donde decidió ambientar su serie *44 Scotland*

 REALIDAD Y FICCIÓN: RANKIN Y REBUS

Si Alexander McCall Smith envía a sus personajes al Cumberland Bar, otro escritor de Edimburgo escogió un *pub* en la otra punta de la New Town. Rebus, personaje de Ian Rankin, es un poli aficionado al alcohol, y suele ir al Oxford Bar, en Young St, un *pub* de barrio donde solían ir los policías de la zona. Rankin, autor de referencia de novela negra, tiene 25 novelas protagonizadas por Rebus y suele ir al Oxford él también. En un claro ejemplo de cómo realidad y ficción se mezclan en Edimburgo, Rankin aparece como personaje en la serie *44 Scotland Street* de McCall Smith.

Street, convirtiendo esta calle en una ventana abierta a la alta sociedad de Edimburgo.

Al igual que Scotland St, Dundas St y Heriot Row también hacen frecuentes apariciones en esta serie, y sus tiendas y cafés son lugares de trabajo y de ocio de sus personajes. Otro lugar de referencia para McCall Smith es el **Cumberland Bar,** donde sus personajes se toman alguna pinta que otra. Más allá, en Elm Row, aparece la charcutería italiana **Valvona & Crolla** (p. 109), que también sale en sus libros. Todo ello se puede visitar dando un paseo, quizá con una de sus novelas bajo el brazo.

Música y copas en el Edinburgh Folk Club

MÚSICA EN DIRECTO

PLANO: **32** P. 87 **H3**

Aunque el cartel de la puerta dice **Ukrainian Community Centre,** los miércoles por la noche en el 14 Royal Tce lo que se oyen son violines celtas, guitarras y baladas populares. En el **Edinburgh Folk Club** *(efc1973.com),* que se creó hace 50 años y ha ganado numerosos premios, los espectáculos empiezan a las 20.00. Los conciertos pueden durar hasta más allá de las 22.30, tiempo suficiente para socializar, tomar unas copas en el bar y conocer a otros amantes de la música popular o del artista de esa noche. En los últimos años, han

pasado por aquí muchos nombres populares de la música escocesa. Las entradas cuestan un mínimo de 14 £, pero el abono anual es una ganga *(25 £).*

Asistir a un espectáculo en las Assembly Rooms

OCIO

PLANO: **33** P. 86 **C4**

Este espacio multifuncional de George St reserva varias salas para eventos culturales y espectáculos. El programa de las **Assembly Rooms** *(assemblyroomsedinburgh. co.uk)* cubre un amplio espectro, desde populares conciertos de *rock* y rap hasta encuentros con escritores o sesiones de discoteca silenciosa, todo ello en salas con relucientes lámparas de araña, pan de oro e impresionantes espejos dorados. El majestuoso pórtico de la entrada se incorporó hace 200 años para impresionar aún más a los visitantes.

Aunque hoy en día es un lugar abierto al público, no siempre ha sido así. El edificio se inauguró en 1787 para celebrar bailes de la alta sociedad, y sus grandes salones, su comedor y el elegante auditorio estuvieron cerrados durante siglos. Tras la II Guerra Mundial, el edificio fue donado a la ciudad y, desde entonces, es uno de los escenarios principales del **Edinburgh Festival Fringe** (p. 62), en agosto.

Lo mejor para...

ⓔ Económico **ⓔⓔ** Medio **ⓔⓔⓔ** Alto

Localizaciones en
el plano de la **p. 86**

Comer

Un capricho

Fhior ⓔⓔⓔ

34 F2

Esta maravilla de restaurante en Broughton St, obra de los restauradores Scott y Laura Smith, pone el énfasis en los ingredientes de temporada y en una cocina escocesa moderna. Vale la pena reservar con antelación. *18.30-20.00 ju y vi, 12.00-14.00 y 18.30-20.00 sa y do*

Spence at Gleneagles Townhouse ⓔⓔⓔ

35 E4

El espléndido Spence, de estética *art déco,* es la brasería-coctelería de un elegante hotel de St Andrew Sq. *7.00-21.30 lu-mi, 7.00-22.00 ju y vi, 8.00-22.00 sa, 8.00-21.30 do*

Lyla ⓔⓔⓔ

36 H3

El chef Stuart Ralston nació en Fife, pero se formó en Nueva York, y crea unos menús degustación basados en el pescado y el marisco, con unos platos impecables, en esta casa georgiana en Royal Terrace. Cocina escocesa de temporada de lo más sofisticada. *19.00-22.00 mi-sa, 12.30-14.00 vi y sa*

Gardener's Cottage ⓔⓔ

37 H2

Minúscula casita de campo a los pies de Calton Hill, con mesas para compartir y menús a precio fijo de verduras de temporada de su huerto ecológico. *17.00-22.00 mi y ju, 12.00-22.00 vi y sa*

Ivy on the Square ⓔⓔⓔ

38 E4

Para cenar de capricho, con una carta llena de platos británicos clásicos, todo ello con una gran puesta en escena, en St Andrew Sq. *8.30-22.30 lu-vi, 9.00-22.30 sa, 9.00-20.45 do*

Hawksmoor ⓔⓔⓔ

39 E4

Los mejores filetes de Edimburgo en un entorno memorable, en el interior de un banco de la década de 1930. *12.00-15.00 y 17.00-22.00 lu-vi, 12.00-22.00 sa, 12.00-21.00 do*

Six by Nico ⓔⓔⓔ

40 D4

La cadena Six by Nico está causando sensación con sus menús degustación de seis platos, creados en torno a curiosas temáticas culinarias que cambian cada seis semanas. *12.00-23.45*

Aizle ⓔⓔⓔ

41 A5

Es el patriarca de la familia de restaurantes de Stuart Ralston en Edimburgo, con un menú degustación a ciegas elaborado con ingredientes escoceses de temporada. *17.00-20-30 mi-vi, 12.00-13.30 y 17.00-20.30 sa*

Los clásicos

Bon Vivant ⓔⓔ

42 C4

Acogedora enoteca y bistró al estilo europeo, con mucha clase. Raciones y tablas para compartir, platos del día para almorzar y asado los domingos. *16.00-23.00 lu y ma, 12.00-23.00 mi, ju y do, 12.00-24.00 vi y sa*

Cafe St Honore
43 C4

Un buen servicio y ambiente de barrio en este estupendo local con visillos, una amplia oferta de vinos y cocina francesa con sabor escocés. *12.00-14.00 y 17.15-21.00 ju-lu*

Howie's
44 G4

Salón georgiano con un gran ambiente y buenas carnes, marisco y pescado del día. *11.30-14.30 y 17.15-22.30*

A buen precio

Urban Angel
45 D4

Ultramarinos de vocación ecológica y comercio justo, que se convierte en cafetería donde desayunar, tomar un *brunch*, una ensalada o comprar comida para llevar. *8.30-15.30 lu-vi, 8.30-16.30 sa y do*

Kuna Cafe & Bakery
46 G2

Cafetería animada (aunque minimalista) donde se pueden tomar *galettes*, *parcel pies*, tortillas y espléndidas pastas de panadería. *8.30-16.30 mi-lu*

Lowdown
47 D4

Moderna cafetería en un semisótano de George St con tentempiés para picar. *9.30-17.30 lu-sa, 10.00-17.30 do*

Cocinas del mundo

Baba
48 B5

Sus dos docenas de platos proponen un viaje por Oriente Próximo, desde una medina marroquí hasta una coctelería de Beirut, entre carnes a la parrilla, *merguez, meze*, cócteles con menta y más. *12.00-24.00 do-ju, 12.00-1.00 vi y sa*

Dishoom
49 E4

Este popular restaurante indio, inspirado en los cafés iraníes de Bombay y es el primero de la minicadena Dishoom que abren fuera de Londres. *8.00-23.00 do-mi, 8.00-24.00 ju-sa*

Tipo
50 D4

Local informal en Hanover St, popular por su pasta casera y sus platos para compartir (o no). *12.00-14.30 y 17.30-21.00*

Dusit
véase **42** C4

El restaurante tailandés más elegante de la New

Town lleva 20 años en la brecha y sigue siendo el mejor para disfrutar de sopas especiadas, curris, platos de pescado y marisco, y de un gran servicio. *12.00-15.00 y 17.00-22.00 lu-vi, 12.00-22.00 sa y do*

Paz
51 C4

La taquería Paz, en Thistle St, tiene mucho éxito. Lo mejor son sus tacos, sus tostadas y sus antojitos. No admiten reservas. *12.00-22.00*

Contini
52 B5

Popular restaurante, obra de una de las familias de restauradores italianos de más éxito de la ciudad. Sirven desayunos, almuerzos y cenas, y el establecimiento, en el elegante local de un banco, es insuperable. *9.00-23.00 lu-vi, 10.00-22.30 sa, 10.00-22.00 do*

Spanish Butcher
53 B4

Asador a medio camino entre Manhattan y Madrid, apto para darse un festín de ternera gallega, jamón de primera y cochinillo. Ideal para ir en grupo. *12.00-23.00 do-ju, 12.00-24.00 vi y sa*

Noto
54 C4

Otro local de Stuart Ralston. Sus raciones se inspiran en el tiempo que pasó el chef en Nueva York y en su pasión por Japón. *12.00-14.30 y 17.30-21.00*

Beber

'Pubs' clásicos

Star Bar
55 D3

Buena música, un minúsculo jardín y una clientela entre la que hay muchos estudiantes con ganas de alargar la noche. *16.00-23.00 lu-mi, 16.00-24.00 ju, 16.00-1.00 vi, 14.30-1.00 sa, 14.30-23.00 do*

Thistle Street Bar
56 C4

Pequeño *pub* de barrio, construido en 1780. Hay pocos asientos, pero tiene chimenea, cervezas de barril y un personal muy agradable. *17.00-22.00 lu, 15.00-23.00 ma y mi, 14.00-23.00 ju y do, 12.00-23.00 vi y sa*

Guildford Arms
57 F4

Compite con el vecino Café Royal por el título de local victoriano más

querido. Cervezas de barril y de grifo, y una gran oferta de platos típicos de *pub*. *11.00-23.00 do-ju, 11.00-24.00 vi y sa*

Cambridge Bar
58 A5

Cervecería con unas hamburguesas *gourmet* y pantallas para ver deportes. El lunes hay concurso de preguntas y respuestas. *12.00-23.00 do-ju, 12.00-24.00 vi y sa*

Abbotsford
59 D4

El *pub* con más encanto de Rose St tiene una decoración eduardiana, una isla de caoba original, el techo de época jacobina y un público fiel. Antes, era lugar de encuentro de artistas y bohemios. *11.00-23.00 do-ju, 11.00-24.00 vi y sa*

Bares con ambiente

SCOTCH Whisky Bar
véase **25** F5

En la whiskería del hotel Balmoral conservan nada menos que 500 botellas en botelleros de madera de roble tallada a mano. *16.00-23.30*

Joseph Pearce
60 H2

Bar de barrio de gestión sueca y estética *shabby-chic*. Más que un *pub* parece un salón privado.

Alberga una minúscula tienda de dulces suecos. *12.00-24.00 lu-ju, 1.00 vi, 11.00-1.00 sa, 11.00-24.00 do*

CC Blooms
61 G3

Este local sin pretensiones frente a Picardy Pl fue el pionero de los bares de ambiente y es el corazón del "Triángulo Rosa". *15.00-3.00 lu-vi, 13.00-3.00 sa-do*

Fierce Beer
62 B5

Fierce Beer nació en Aberdeen, pero en Rose St también se pueden probar sus cervezas artesanas, así como *lagers* de todo el mundo. *13.00-23.00 lu-ma, 13.00-24.00 mi-ju, 12.00-1.00 vi-sa, 12.00-23.00 do*

Coctelerías

Tonic
63 B5

Está junto a George St, tiene terraza y sus *mixólogos* conocen bien el oficio. *17.00-1.00 do-vi, 12.00-1.00 sa*

Ruma
64 F3

En Broughton St se encuentra el primer bar de la ciudad dedicado al ron. La variedad de cócteles que elaboran es impresionante. *16.00-1.00 mi-vi y do, 12.00-1.00 sa*

Nightcap

véase **29** E3

Coctelería en un semisótano, a un tiro de piedra de la Portrait y del Stand Comedy Club. *17.00-3.00*

Comprar

Recuerdos

Life Story

65 E2

Esta tienda de diseño tiene una estética escandinava-japonesa y todo tipo de artículos útiles o simplemente bonitos. *10.30-17.30 do-mi y vi, hasta 18.30 ju, hasta 18.00 sa*

Curiouser

66 F2

Láminas artísticas, coleccionables, artículos de papelería y menaje en Broughton St. Tienen otra tienda en Bruntsfield. *10.00-18.00 lu-sa, hasta 17.00 do*

Hadeel

67 B5

Fantástica iniciativa de comercio justo pro-Palestina en George St, con regalos y piezas de artesanos palestinos de Cisjordania, Gaza y Galilea. *10.00-17.00 lu-sa*

Comida, joyas y ropa

Valvona & Crolla

68 G2

Este colmado y café italiano, inaugurado en 1934, es toda una institución, con buenos quesos, aceites, vinos y productos de charcutería. *9.00-18.00 lu-sa*

Palenque

69 C5

Lleva vendiendo joyas de plata elaboradas por artesanos mexicanos desde principios de la década de 1990. *9.30-17.30 lu-sa, 11.00-17.00 do*

One World Shop

70 A6

Esta tienda, en un lateral de la St John's Church, vende productos de comercio justo de origen certificado desde 1983, de regalos a artículos para la casa o accesorios. *10.00-17.30 lu-sa, 12.00-17.00 do*

Libros y vinilos

Toppings & Company Booksellers

71 G2

Librería independiente en lo alto de Leith Walk, con un personal agradable y encuentros periódicos con los autores. *9.00-21.00*

McNaughtan's Bookshop

72 G2

En la librería anticuaria y de segunda mano más antigua del país se pueden encontrar coleccionables, primeras ediciones y obras de arte. *11.00-17.00 vi-mi, 11.00-18.00 ju*

Vinyl Villains

73 G2

Abrió en 1983 y se especializó en discos de colección de soul, *jazz,* música progresiva y psicodelia antes incluso del *boom* de los vinilos. También hay camisetas de bandas y libros de cultura pop. *10.30-18.00 lu-vi, 10.30-17.30 sa, 13.00-17.00 do*

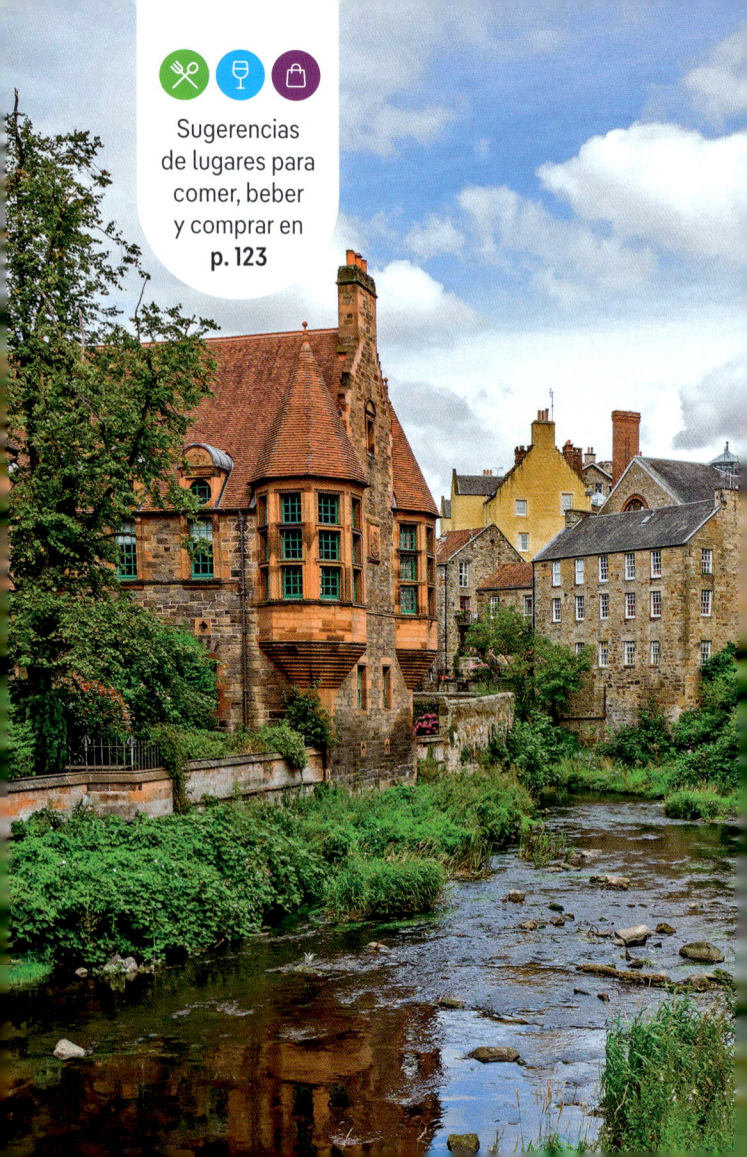

Sugerencias de lugares para comer, beber y comprar en **p. 123**

Explora
West End
y Dean Village

El West End fue construido como extensión de la New Town y aún conserva sus calles adoquinadas, sus plazas residenciales, sus jardines y sus bares y restaurantes de barrio. Forma parte de la zona nombrada Patrimonio Mundial y vale la pena explorar sus bonitas calles con casas georgianas, aunque también cuenta con otras atracciones: el barrio de los teatros de Lothian Rd; Murrayfield, donde juega la selección de rugbi y se celebran multitudinarios conciertos; y el bucólico Water of Leith, con un curso de aguas plateadas bordeadas de verde que lleva hasta Dean Village, bonito enclave que en su día albergó casi una docena de molinos de agua.

Cómo desplazarse

🚋 **Tranvía**

Los tranvías de Edinburgh Trams llegan al West End pasando por Shandwick Pl, con paradas en la estación de Haymarket y los Atholl Crescent Gardens.

🚌 **Autobús**

En Haymarket, Shandwick Pl y Lothian Rd paran muchos autobuses que comunican con el centro 24 h al día.

🚆 **Tren**

Desde Waverley hay muchos trenes a Haymarket, a un paseo del West End y Dean Village.

★
LO MEJOR

'POP ART'
National Galleries
Scotland: Modern One
y Modern Two (p. 113)

PASEO PINTORESCO
Water of Leith (p. 118)

LECCIÓN DE HISTORIA
Dean Village (p. 118)

PARA FANS DEL RUGBI
Murrayfield Stadium (p. 121)

NOCHE DE FIESTA
William Street (p. 122)

Dean Village (p. 118).
CHRIS MUELLE/GETTY IMAGES ©

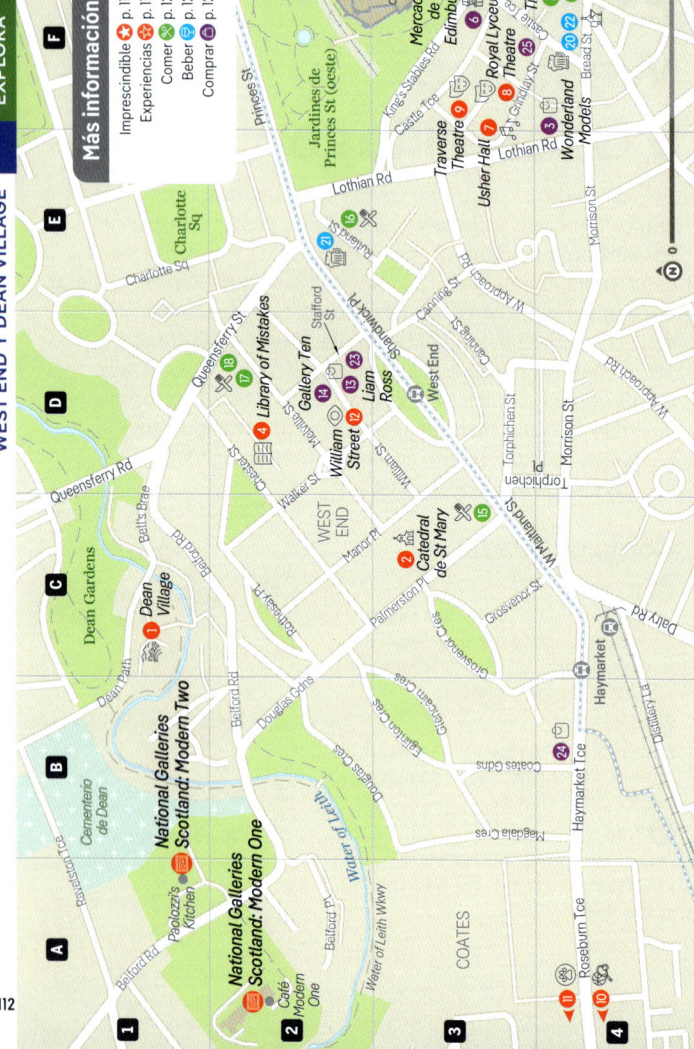

Más información

Imprescindible	✖	p. 113
Experiencias		p. 118
Comer	✖	p. 123
Beber	✖	p. 123
Comprar	🛍	p. 123

Castillo de Edimburgo

Jardines de Princes St (oeste)

Princes St

Charlotte Sq

Charlotte Sq

Queensferry Rd

Dean Gardens

Cementerio de Dean

Dean Village

National Galleries Scotland: Modern Two

National Galleries Scotland: Modern One

Café Modern One

Paolozzi's Kitchen

Library of Mistakes

Gallery Ten

William Street

Liam Ross

Queensferry St

Stafford St

Catedral de St Mary

WEST END

West End

Torphichen Pl

Morrison St

Mercadillo de Edimburgo

Royal Lyceum Theatre

Traverse Theatre

Usher Hall

Wonderland Models

Timberyard

Lothian Rd

Haymarket

COATES

Roseburn Tce

400 m

★ IMPRESCINDIBLE

National Galleries Scotland: Modern One y Modern Two

¿Qué hay mejor que un museo de arte contemporáneo que ha dado grandeza a la ciudad y entretenimiento a sus ciudadanos? Respuesta: dos de ellos. La colección de arte moderno de Edimburgo está dividida entre estos dos edificios neoclásicos gemelos, en un parque con esculturas, y ambos son igual de imponentes.

PLANO: P. 112 **A1, A2**

Historia de la colección

La llegada de la **Scottish National Gallery of Modern Art,** en 1960, supuso un cambio fundamental en la relación entre los edimburgueses y el arte contemporáneo. Se lo tomaron en serio y, muy pronto, la colección creció tanto que ya no cabía en su primera sede, la Inverleith House, rodeada por el Royal Botanic Garden.

En la década de 1980 ya se había instalado en la John Watson's Institution, escuela diseñada en estilo neoclásico; en la década siguiente, se extendió a otro edificio neoclásico, antes usado como hospital de huérfanos, al otro lado de la calle. Ahora, la colección se reparte entre dos edificios independientes, lo que significa que habrá que dedicarle tiempo para hacer justicia a la **Modern One** y la **Modern Two** (ambas gratis). Si se le suma 1 h más para pasear por los parques escultóricos que rodean los edificios, se necesitará al menos media jornada.

Modern One

Se puede empezar por la galería más grande, situada en el lado oeste de Belford Rd si se viene

CONSEJO

Las galerías están a solo 15 min a pie de Princes St, pero el paseo de vuelta es cuesta arriba y puede resultar fatigoso si se ha estado de pie todo el día.

Escanea este código QR para ampliar información.

National Galleries Scotland: Modern Two.

COMIENDO CON EDUARDO

La escultura *Vulcan*, una de las grandes obras de Paolozzi, ocupa una posición destacada en el restaurante **Paolozzi's Kitchen,** donde se pueden probar platos italo-escoceses de temporada.

de la New Town. La Modern One se centra en diversos movimientos artísticos e instalaciones del s. XX, con obras de Pablo Picasso, Edvard Munch, Paul Klee, Jackson Pollock, Joseph Beuys, Salvador Dalí, René Magritte, Alberto Giacometti y Marina Abramović, entre otros. También hay obras de artistas escoceses, como Peter Howson, Ken Currie o la escultora Claire Barclay. La ambiciosa obra *List of Names,* de Douglas Gordon, ganador del premio Turner, se presenta como un enorme monumento en recuerdo de la guerra, y es una de las obras permanentes, con los nombres de todas las personas que ha conocido el artista, en un abigarrado listado que recuerda una guía telefónica.

En el jardín delantero, la obra *Landform,* del arquitecto Charles Jencks, es como un remolino de tierra. También se encontrarán otras obras multiformes de artistas como Tracey Emin, Antony Gormley o Joan Miró. El neón azul con el mensaje "Everything Is Going To Be alright", de Martin Creed, crea un curioso contraste con el estilo neoclásico del edificio.

Modern Two

Al otro lado de la calle está la Modern Two, más centrada en la experimentación, la abstracción y el desafío a la mente. La gran atracción es la obra del *pop art* Eduardo Paolozzi, nacido en Edimburgo, y hay incluso una recreación de su estudio de Londres (visita solo con reserva), con su cama a un lado y esculturas, maquetas, libros y juguetes tirados por ahí, como si acabara de salir un momento, para hacerse una idea del estilo de vida de uno de los escultores de posguerra británicos más célebres. El resto del edificio presenta exposiciones temporales variadas.

Todo esto bastaría para causar una impresión duradera en el visitante, pero el jardín escultórico no se queda atrás, con obras de Dan Graham y Nathan Coley que convierten el jardín en un lienzo y que realzan aún más la belleza del paisaje.

Visitas guiadas y accesibilidad

En el interior de la Modern One hay un mostrador de información y en ambas galerías hay ascensores con anuncios sonoros y rampas para acceder en silla de ruedas. En cada planta disponen de taburetes portátiles. A través de los sitios web Soundcloud y Smartly se puede acceder a una audioguía llamada **Conversations with the Collection.** También hay una ruta sensorial para visitar las esculturas del jardín.

UNA PAUSA
El **Café Modern One** usa hierbas, frutas y verduras de su huerto, situado tras la galería, y es famoso por sus bollos caseros. La terraza se llena los fines de semana.

ARCHIVO DADÁ
La Modern Two alberga la **biblioteca Gabrielle Keiller,** con uno de los mejores archivos y colecciones sobre el dadaísmo y el surrealismo.

 CIRCUITO A PIE

Paseo por el West End

No hay mejor escaparate abierto a la vida local que un paseo por el West End y Dean Village. Este recorrido pasa por un tramo del Water of Leith, el río escondido que atraviesa la ciudad, cubriendo todo tipo de atracciones, desde arte y arquitectura hasta naturaleza, religión, gastronomía y copas.

INICIO	FINAL	DURACIÓN
Modern One y Modern Two	Catedral de St Mary	3 km; 3 h

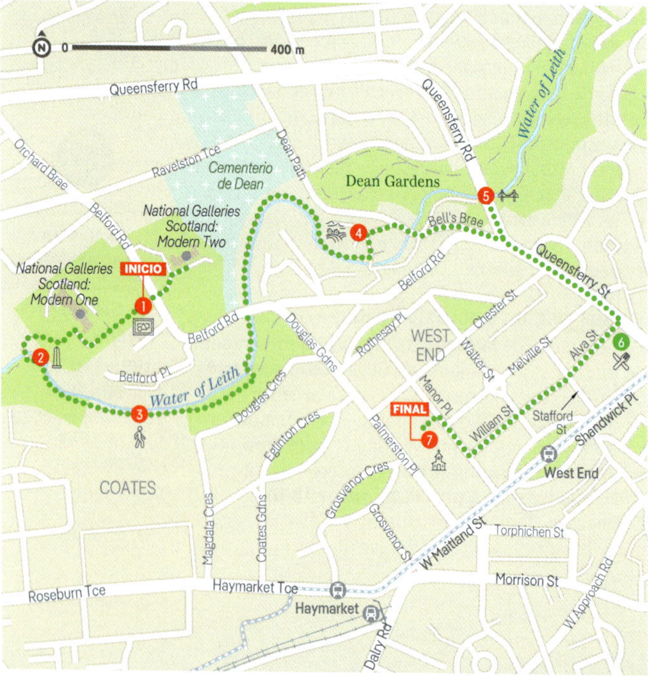

1 Color por todas partes

Se empieza en la **Modern One** (p. 113) y la **Modern Two** (p. 115) para contemplar las mejores obras de arte contemporáneo de Escocia. Tras un agradable paseo por los jardines, hay que tomar el sendero y las escaleras que parten de la parte trasera de la galería hacia el Water of Leith.

2 Arte junto al río

Antes de seguir hacia Dean Village, al este, se hará una pausa entre los árboles junto al río para ver la obra **'6 Times'** de Antony Gormley, con unas esculturas de figuras humanas que entran y salen del agua.

3 Rincón pintoresco

El **Water of Leith** (p. 118) serpentea hacia Stockbridge, y el sendero que sigue su curso cruza puentes peatonales y ofrece vistas de los antiguos molinos de agua y algunos jardines traseros. Durante más de ocho siglos fue una zona productiva que llegó a albergar 70 molinos, usados para producir desde papel hasta harina o rapé.

4 Un poblado anclado en el pasado

Pasado 1 km se encuentra el antiguo **Dean Village** (p. 118), un barrio de postal con antiguos molinos de agua, calles adoquinadas y una cascada. Tras cruzar el puente –y hacer una foto–, hay que seguir por la adoquinada Bell's Brae.

5 El puente a ninguna parte

Se sigue Queensferry Rd hacia el sur, pero antes cabe retroceder un poco para cruzar el **Dean Bridge** y ver la torre del reloj del Dean Village desde lo alto. El puente fue construido por Thomas Telford, artífice del canal de Caledonia.

6 Un buen almuerzo

Con el paseo se habrá despertado el apetito, así que es el momento de almorzar en uno de los mejores restaurantes de barrio del West End, **Forage & Chatter,** que sirve platos escoceses en un semisótano medio escondido en Alva St.

7 Apuntando al cielo

Tras el almuerzo, se puede seguir por Alva St y William St, tomando como referencia los tres chapiteles neogóticos de la **catedral de St Mary** (p. 118). El más alto tiene casi 92 m y es la estructura más alta de la ciudad, una imponente meta para este recorrido.

EXPERIENCIAS

Pasear por el Water of Leith

PASEO

El **Water of Leith** es un sendero de 19 km bien señalizado, ideal para un paseo romántico, para salir con el perro o hacer ejercicio. Pero al visitante le bastará con un tramo, y el que recorre los prados del West End es el más bonito. Es como verse transportado al campo, hasta que empiezan a vislumbrarse las imponentes esculturas y las mansiones georgianas. Si se quieren escuchar anécdotas relacionadas con el río, se puede descargar la **Walkway Audio Trail,** creada por la Water of Leith Conservation Trust. Se oirá la historia del complejo Bell's Mills, el último molino de agua, que se cerró en 1972.

A pesar de estar rodeado por la ciudad, se oirá el piar de los pájaros. El camino de sirga da cobijo a 250 especies nada menos, casi tantas como las que se pueden ver en el zoológico. Si se guarda silencio, quizá se puedan ver garzas, martines pescadores y nutrias, además de cisnes, zorros, ardillas y murciélagos.

Adentrarse en la historia del Dean Village

POBLADO HISTÓRICO

PLANO: ❶ P. 112 **C1**

Tanto vecinos como visitantes contemplan esta antigua comunidad de molineros como si fuera un lienzo, con sus bonitas casas frente a las relucientes aguas del río. El **Dean Village,** fundado en el s. XII por los monjes de la abadía de Holyrood, llegó a concentrar numerosos molinos y posteriormente se convirtió en un oasis residencial. *Dene* en escocés antiguo significa "valle".

De no haber sido por el gran incendio de 1824, que arrasó los edificios calcinando molinos, graneros y almacenes, hoy en día el poblado podría tener un aspecto muy diferente. Lo cierto es que no hay mucho que hacer más allá de contemplar el paisaje (no hay bares, restaurantes ni atracciones de pago; solo apartamentos vacacionales), pero se puede ver cómo era la actividad industrial de Edimburgo en otro tiempo. El centro del complejo es el **Well Court,** el edificio más emblemático del poblado, donde se verán piedras de molino y placas con imágenes de panes y tartas.

Elevar los corazones al cielo en la catedral de St Mary

CATEDRAL

PLANO: ❷ P. 112 **C3**

A poca distancia de los tranvías de West Maitland St se puede encontrar un espacio para la espiritualidad. La **catedral de St Mary** es un monumento imponente, inspirado en las antiguas abadías góticas escocesas, y aún hoy es el edificio más alto de Edimburgo.

CONSEJOS PARA FAMILIAS

Ricky's Bicycle Tours
Circuitos diarios en bicicleta normal y eléctrica por toda la ciudad, con salida de Rutland St.

Modern One
PLANO: P. 112 **A2**

Seguir las rutas Walk, Talk, o Make Sculpture por todo el recinto.

Wonderland Models
PLANO: **3** P. 112 **F4**

Maquetas de trenes y aviones, juguetes y piezas de coleccionismo, en el corazón de Lothian Rd.

Probablemente lo más destacado no sean sus tres altos chapiteles, ni el hecho de que a dos de ellos les llamen Barbara y Mary en recuerdo de las dos hermanas que legaron sus terrenos a la Iglesia episcopal escocesa, lo que permitió la construcción de la catedral en 1874. Lo más llamativo de la estructura es que fue diseñada por **sir George Gilbert Scott,** uno de los arquitectos más destacados de la historia del Reino Unido, responsable de cientos de edificios notables, como el Albert Memorial o la estación de St Pancras, en Londres. La catedral acoge emotivos conciertos a la luz de las velas.

Encontrar sentido a la Biblioteca de los Errores
BIBLIOTECA

PLANO: **4** P. 112 **D2**

Esta biblioteca benéfica, de acceso gratuito, es una de las atracciones más pintorescas de Edimburgo. Se creó en el 2014 para los curiosos que quisieran saber más sobre el destino del mundo actual. El silencio de la **Library of Mistakes,** donde estudiantes y estudiosos se informan sobre teoría económica o historia corporativa, pone el contrapunto al bullicio de Princes St, a pocos minutos a pie. La colección va creciendo y esperan que un día figure entre las mejores bibliotecas de negocios y finanzas del mundo.

Desde luego, no es la clásica atracción turística, pero si la visita coincide con una de las conferencias mensuales, quizá sería posible escuchar a alguna de las grandes mentes del panorama económico internacional.

Cenar en una antigua maderera
ALTA GASTRONOMÍA

PLANO: **5** P. 112 **F4**

Los primeros dueños de este antiguo almacén de madera del s. XIX se sorprenderían si supieran que el **Timberyard** (*timberyard. co*) es hoy uno de los restaurantes más memorables de Edimburgo, con estrella Michelin. Está algo escondido, entre Grassmarket y Lothian Rd, y puede resultar difícil conseguir mesa: solo abre de jueves a domingo, almuerzo y cena, y habrá que reservar al menos con unas semanas de antelación.

El diseño es comedido, desde los altos techos hasta las columnas, las pizarras y las luces, pero, desde luego, la comida no lo es. Sus menús degustación tienen un ingrediente como protagonista (faisán, vieiras, rodaballo), sometido a elaborados procesos de encurtido, curado o ahumado.

Un festín en el mercado de los granjeros

MERCADO

PLANO: **6** P. 112 **F3**

El **mercadillo de Edimburgo** *(edinburghfarmersmarket.co.uk)*, celebrado cada sábado de 9.00 a 14.00 bajo los bastiones del castillo, en Castle Terrace, se compone de sencillos puestos de alimentos frescos, platos típicos y productos de granja ideales para un pícnic. Es uno de los mejores lugares de la ciudad donde acudir para llenar la despensa sin complicaciones.

Los quesos ecológicos, la charcutería de carne de caza y el pescado ahumado nunca faltan, pero también es fácil encontrar comida callejera de Italia, Siria o Tailandia, por ejemplo. El mercado tiene una treintena de puestos, pero el **Cafe St Honore** y la **Bakery Andante** son los más populares para comprar pan, pasteles y comida para llevar. Y no todo es comida: también se puede probar una ginebra artesanal y

USHER HALL

De los tres grandes escenarios de Lothian Rd, el más popular es el **Usher Hall,** y vale la pena visitarlo por dos motivos. En primer lugar, es un auditorio espléndido para conciertos clásicos, de *rock* y musicales. En segundo lugar, tiene un opulento estilo *beaux arts* que contrasta con el gótico victoriano dominante en el resto de la ciudad. Y además, es la sede de la Royal Scottish National Orchestra en Edimburgo.

PLANO: **7** P. 112 **F3**

comprar velas de recuerdo o un suéter tejido a mano.

Asistir a una representación en el barrio de los teatros

VIDA NOCTURNA

A diferencia de otras ciudades, Edimburgo no tiene un **barrio de los teatros** claramente definido, pero la mayoría de los grandes escenarios pueden encontrarse en un grupo de callejuelas junto a Lothian Rd, bajo la atenta mirada del castillo de Edimburgo, su espectador más fiel.

En Grindlay St se sitúa el **Royal Lyceum Theatre** (PLANO: **8** P. 112 **F3**; *lyceum.org.uk*), construido en 1883. Es como una bombonera, el sueño de cualquier actor clásico, y ha presentado tanto obras de

Shakespeare como melodramas y comedias de Tennessee Williams. El **Traverse Theatre** (PLANO: **9** P. 112 **F3**; *traverse.co.uk*), justo al lado, suele presentar estrenos de teatro escocés, teatro contemporáneo y danza, y es un escenario habitual del **Festival Internacional de Edimburgo.** Desde su inauguración en 1963, todos los grandes han pasado por ahí: Billy Connolly, Steven Berkoff, Tilda Swinton, Allan Cumming, Bill Nighy o Timothy Dalton, entre otros. El difunto Robbie Coltrane, conocido en todo el mundo por haber interpretado a Hagrid en las películas de *Harry Potter,* tiene una butaca dedicada con la inscripción: "Zona libre de pedos".

Un partido de rugbi o un concierto en Murrayfield ESTADIO

PLANO: **10** P. 112 **A4**

El **estadio de Murrayfield** (*scottishrugby.org*) es una caldera de hormigón y acero, y el más grande de este tipo en todo el país. Durante los disputados partidos de las Seis Naciones y las pruebas de fin de año, cuando el ambiente es más distendido, puede reunir hasta 67 000 espectadores, mientras el resto de la ciudad, en ascuas, aguarda el resultado final.

Se podría tomar un tranvía hacia el oeste y apearse frente a las puertas del estadio, pero si es día de partido, parte del ritual es caminar los 2 km desde Princes St y empaparse del ambiente. El estadio también acoge grandes conciertos en verano, y en los últimos años, han pasado por él grandes artistas, desde Beyoncé hasta Bruce Springsteen o Harry Styles. Durante su gira Eras, que batió todos los récords, Taylor Swift dijo que la respuesta del público de Edimburgo fue la más vociferante de todas.

Convertirse en cuidador del zoo por un día ZOO

PLANO: **11** P. 112 **A4**

Más al oeste, en dirección a Corstorphine, está el **zoo de Edimburgo** (*edinburghzoo. org.uk; adultos/niños desde 26,50/17 £*), uno de los más humanitarios, sede de la Royal Zoological Society of Scotland, que acoge más de 2500 animales. Su principal interés es la educación y la conservación, y fomenta el amor y el reconocimiento del valor de la naturaleza con sus programas comunitarios por todo el mundo. En el 2030, por ejemplo, la sociedad zoológica habrá desempeñado un papel significativo en evitar la progresiva desaparición de, al menos, 50 especies, desde las moscas sírfidas y los gatos salvajes del Parque Nacional de los Cairngorms hasta los osos hormigueros gigantes de Brasil o las jirafas de Uganda.

Aunque la visita al zoo ya es interesante de por sí, también se puede participar en la **Keeper**

Experience *(165-280 £),* para acompañar a los cuidadores en sus tareas y entrar en contacto directo con los animales. Para los más pequeños, también son divertidas las experiencias **Magic Moment** *(69-99 £),* con las que pueden dar de comer a los pingüinos o interactuar con las nutrias enanas.

Comprar con estilo en William Street
DE COMPRAS

Esta calle adoquinada es la vía más bonita del West End, sobre todo de noche, cuando se encienden todas las luces. **William Street** (PLANO: **12** P. 112 **D2**) fue construida hace 200 años como calle comercial para los ricos vecinos de la zona y ha conservado muchos de sus elementos originales. Sus edificios georgianos, bien conservados, albergan hoy pequeñas *boutiques,* tiendas de alimentación y floristerías. El tramo entre Stafford St y Walker St es el más interesante.

Vale la pena echar un vistazo a **Frontiers Man** y **Frontiers Woman,** dos *boutiques* de moda independientes, una frente a la otra. Ambas son conocidas por sus originales prendas de marcas exclusivas, entre las que se incluyen artículos de punto,

'PUBS' Y BARES EN WILLIAM STREET

Voyage of Buck
véase **12** D2

Coctelería con una cocina elegante, que toma como tema de referencia las aventuras de un mítico viajero al estilo de Phileas Fogg.

Teuchters Bar & Bunker
véase **12** D2

Pub acogedor y divertido para amantes del rugby y del *whisky,* con madera en las paredes, barricas y comida típica de las Highlands.

Green Room
véase **12** D2

Estupenda enoteca, restaurante y bodega para comprar vino.

calzado y accesorios. Cerca de allí se halla **Rogue Flowers,** con unos ramos espectaculares visibles junto a la puerta. La joyería **Liam Ross** (PLANO: **13** P. 112 **D2**) ofrece todo tipo de diseños a medida. Y antes de marcharse, se puede hacer una pausa en la **Gallery Ten** (PLANO: **14** P. 112 **D2**), pequeño espacio artístico para coleccionistas.

Lo mejor para...

ⓔ Económico **ⓔⓔ** Medio **ⓔⓔⓔ** Alto

Comer

Una cena elegante

Palmerston ⓔⓔ

15 C3

Espléndido restaurante que usa productos ecológicos y de proximidad. *12.00-14.30 y 18.00-21.30 ma-sa, 12.00-15.30 do*

Grazing by Mark Greenaway ⓔⓔⓔ

16 E2

Menús degustación de temporada, obra de un galardonado chef, en el hotel Caledonian Edinburgh. *17.00-21.30*

West Room ⓔⓔ

17 D2

Bar de *cicchetti* (tapas venecianas) con platos del día y tentempiés para picar. *12.00-23.00 lu-ju, 12.00-24.00 vi, 9.00-24.00 sa, 10.00-20.00 do*

Café y pastas

Cairngorm Coffee ⓔ

18 D2

Acogedora cafetería con su propio tostadero. Café para comprar o para tomar con pastas y pasteles. *7.00-19.00 lu-sa, 8.00-19.00 do*

Lovecrumbs ⓔ

19 F4

Café minúsculo pero encantador, con una oferta de pasteles, rollitos de salchicha y sándwiches que varía. *9.00-18.00*

Beber

'Pubs'

Blue Blazer

20 F4

Cómodo *pub* para tomar una cerveza bien servida, cerca de los teatros del West End. *15.00-1.00 lu-mi, 12.00-1.00 ju-sa, 13.00-1.00 do*

Ghillie Dhu

21 E2

Cervecería turística en una antigua iglesia, con música popular en directo y un bullicioso club *ceilidh*. *12.00-24.00 do-ju, 12.00-3.00 vi y sa*

Cócteles

Hey Palu

22 F4

Cócteles de inspiración italiana en un local lleno de referencias al Martini y la Vespa.

Comprar

Recuerdos y música

Paper Tiger

23 D2

Curiosa tienda de regalos donde se encontrarán desde marionetas de dinosaurios hasta abalorios antiguos o artículos de Tintín. *10.00-18.00 lu-sa, 11.00-17.00 do*

8 Yards

24 B4

Prendas hechas a medida para ambos sexos, modernas creaciones con tartán y regalos con telas escocesas a juego. *9.30-17.00 lu, 10.00-17.30 ma-do*

Assai Records

25 F3

Tienda de discos especializada en vinilos, carteles y conciertos. Tienen su propia discográfica, con la que impulsan a nuevos talentos escoceses. *10.00-17.30 ma-ju, 10.00-18.00 vi y sa, 12.00-17.00 do, 11.00-17.00 lu*

Sugerencias de lugares para comer, beber y comprar en **p. 137**

Explora
Stockbridge

Lo que fue una aldea molinera al norte de la New Town es hoy un destino interesante por sus modernos apartamentos, sus callejones adoquinados y la mejor selección de tiendas y bistrós de Edimburgo. Gran parte de su encanto se lo debe a la influencia de sir Henry Raeburn, pintor de finales del s. XVIII, propietario de parte de dos fincas contiguas que acabaron acogiendo las bonitas calles que ven hoy los visitantes; la calle principal, Raeburn Place, lleva su nombre.

Cómo desplazarse

🚋 Tranvía
Las paradas más cercanas a Stockbridge son Princes St y St Andrew Sq.

🚍 Autobús
Las líneas 24 y 29 de Lothian Buses comunican Frederick St, en el centro, con Raeburn Pl, en Stockbridge. La línea 36 también cruza el barrio y pasa por Leith, Canonmills y Princes St, para luego recorrer Henderson Row y Dean Park Cres.

🚆 Tren
Stockbridge está a 20 min a pie de las estaciones de Haymarket y Waverley.

★

LO MEJOR

RODEARSE DE VERDE
Royal Botanic Garden
(p. 127)

CHEF ESTRELLA
Avery (p. 136)

PUESTOS VARIADOS
Mercado de Stockbridge
(p. 132)

PARAÍSO CULINARIO
Scran & Scallie (p. 133)

LECCIÓN DE HISTORIA
De compras por Raeburn
Place (p. 133)

Circus Lane (p. 134).
ADAM KNAUZ/SHUTTERSTOCK ©

Inverleith
House

Royal
Botanic
Garden

Inverleith
Park

Inverleith Tce

N 0   200 m

Más información

Imprescindible ✪ p. 127
Experiencias ✪ p. 132
Comer ✖ p. 137
Beber 🍺 p. 137
Comprar 🛍 p. 137

Water of Leith

Glenogle Rd

Edinburgh
Academy

Campo
de críquet
de Grange

Stockbridge
Colonies 11

Grange
Cricket Club 17

Lannan
Bakery 12

Henderson Row 21

Artisan
Roast
Raeburn 9   8

Independent
Zebra 7

Caoba
6 29

Annie
Smith
5

19
23

Scran &
Scallie 3

Cowan
& Sons 4 28

24

Treen

St Stephen
Street

Golden
Hare Books

VoxBox
Music
15

30 13

16 10 26

Circus
Lane

20

27

Avery

14

22

Mercado de
Stockbridge 2

STOCKBRIDGE

NW Circus Pl

25

Dean
Gardens

Pozo de 1
St Bernard

Moray Pl

Jamaica
St

★ **IMPRESCINDIBLE**

Royal Botanic Garden

Cuando se pasea entre sus antiguos edificios, es fácil olvidar que
Edimburgo es una de las ciudades más verdes del Reino Unido,
pero es que hay parques por todas partes. El Royal Botanic
Garden es el más destacado, con 13 000 especies de plantas
y un herbario con 3 millones de ejemplares.

PLANO: P. 126 **B1**

John Hope Gateway

El **jardín botánico** (*rbge.org.uk; visitas guiadas
adultos/niños 10 £/gratis*) tiene dos entradas,
la puerta este en Inverleith Row y la **puerta oeste,**
más popular, que lleva el nombre del botánico
escocés John Hope, en Arboretum Pl. Aquí es
donde se encuentran el **centro de visitantes,**
la tienda de regalos y la cafetería, en la 1ª planta.
La sala principal acoge muestras interactivas y
exposiciones temporales sobre la biodiversidad
y el desarrollo sostenible.

Para saber más sobre los tesoros ocultos del
botánico, se puede tomar parte en una de las
visitas guiadas, a las 11.00 y 14.00 entre el 1 de
abril y el 31 de octubre. Hay mucho que ver, así
que la visita requerirá al menos un par de horas.

Historia horticultural

En el s. XVII, el conocimiento de las plantas era
esencial para los que no tenían acceso a un médico.
El Royal Botanics empezó siendo el **Physic Garden**
del palacio de Holyroodhouse, lo que lo convierte en
el segundo jardín botánico más antiguo del Reino
Unido (tras el de Oxford). La idea era modernizar
el uso de la medicina, que en aquella época suponía
disponer de plantas frescas para las prescripciones

CONSEJO
Para llegar a
las puertas de
Stockbridge se
pueden tomar los
autobuses 8, 23
o 27 de Lothian
Bus.

Escanea este código
QR par planificar
la visita.

THIAGO DE PAULA OLIVEIRA/SHUTTERSTOCK ©

UNA PAUSA
Hay dos lugares
estupendos para
comer algo:
el **Gateway
Cafe,** en el
interior del
centro de
visitantes, y
el **Terrace**, con
vistas a Inverleith
House. Ambos
sirven sopas,
ensaladas
y bocadillos.

médicas y enseñar botánica médica a los
estudiantes. En 1699 tenía un papel tan esencial
que se le concedió protección real. Un siglo más
tarde, el Royal Botanics ya se había extendido
por varios parques de la ciudad y, en la década
de 1820, se trasladó a Inverleith.

Jardines e invernaderos

Desde el centro de visitantes se pasa al jardín,
que ocupa 28 Ha, con cascadas y estanques,
un arboreto y una colección de azaleas, así como
la **Colección de Plantas Nativas Escocesas,**
en el Heath Garden. Más al interior, pasados los
parterres de azaleas, se hallan el pabellón chino
y el jardín de plantas comestibles.

El sugerente **Rock Garden,** jardín de rocas
creado en 1871, es uno de los más populares,
sobre todo entre las familias. Entre las

formaciones rocosas viven más de 4000 especies de plantas alpinas y subárticas.

Algunas de las plantas más preciadas se encuentran en los **invernaderos** y las bonitas **casas de palmeras** de época victoriana, que estaban cerradas cuando se elaboraba esta guía, al formar parte del Edinburgh Biomes, el mayor proyecto de construcción en la historia de los jardines. Las reformas permitirán evitar la pérdida de hasta 6000 especies, entre ellas una palmera de Bermudas que data de 1822 y los enormes nenúfares Victoria regia, del Amazonas.

Inverleith House

Con sus imponentes paredes de piedra y lo que parecen un par de torretas en el tejado, todo de lo más georgiano, **Inverleith House,** en su tiempo propiedad de un noble escocés, es el elemento central de los jardines. Antes de verse envuelta por la enorme colección de plantas, árboles y arbustos, la casa albergaba la Scottish National Gallery of Modern Art. Ahora es un espacio expositivo para muestras que despierten la conciencia sobre el cambio climático y cambien la visión del mundo sobre la actual crisis de biodiversidad.

Antes de marcharse, vale la pena pararse en el jardín delantero de la casa y disfrutar de las vistas de Edimburgo, una de las panorámicas más típicas de la ciudad.

Fiesta y diversión

Un jardín botánico moderno no solo tiene que tener buen aspecto: este acoge también exposiciones y eventos temáticos. Si se visita durante las fiestas navideñas, no hay que perderse el **Christmas at the Botanics,** magnífico festival inmersivo de arte, luz y sonido, con bastones de neón de colores, juegos de luces e imágenes digitales proyectadas en la fachada de Inverleith House.

REGALOS VERDES
En la tienda de regalos de la John Hope Gateway se encontrarán libros sobre botánica y productos sostenibles, y una asombrosa selección de plantas y macetas.

ACCESIBILIDAD
Se permite la entrada con perros guía, y la mayor parte de los jardines se puede recorrer en silla de ruedas. Además, disponen de sillas de ruedas y escúteres eléctricos para discapacitados gratuitos, pero conviene reservarlos con antelación.

 **CIRCUITO A PIE**

De paseo por Stockbridge

Con sus tranquilas calles y sus casas con pórticos, Stockbridge ofrece la imagen más plácida de Edimburgo. Siguiendo esta ruta, que parte del jardín botánico y recorre sus calles más entrañables, dan ganas de quedarse a vivir aquí, disfrutando de sus tranquilos cafés y curioseando por tiendas y galerías.

INICIO	FINAL	DURACIÓN
Royal Botanic Garden	St Stephen St	3 km; 2-3 h

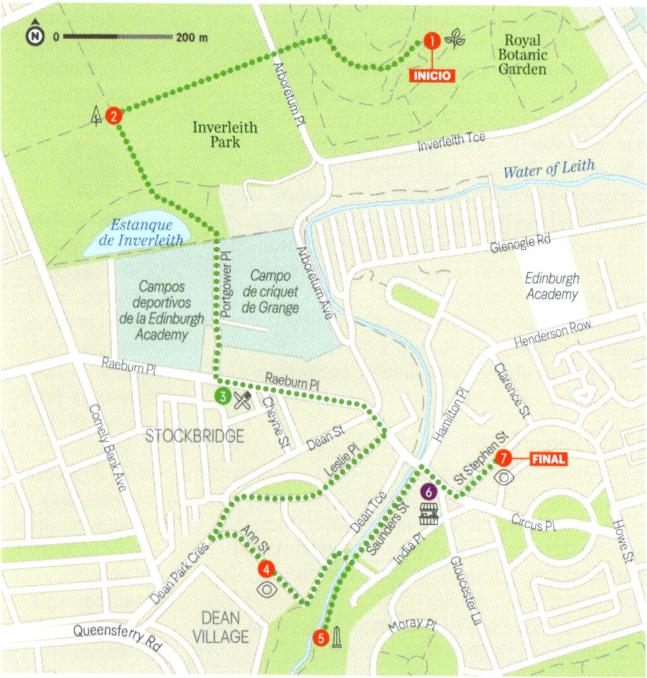

❶ Pulmón verde

Se empieza en la puerta este del **Royal Botanic Garden** (p. 127), siguiendo sus senderos para admirar la famosa colección de plantas y se sale por la puerta de John Hope, en el extremo oeste. Por el camino, hay que parar a contemplar las sublimes vistas de la Old Town desde los jardines de Inverleith House.

❷ Vida en el parque

Cruzando la calle se entra en **Inverleith Park,** donde Stockbridge sale a jugar, y se explora el Sundial Garden. Desde aquí, un sendero lleva hasta el estanque de Inverleith, lleno de patos, que ofrece otra panorámica espléndida del castillo de Edimburgo. Cuando se celebran el Royal Edinburgh Military Tattoo y el Edinburgh's Hogmanay, es un lugar ideal para ver los fuegos artificiales.

❸ Hora del almuerzo

Luego se llega a Raeburn Pl, corazón de este barrio suburbano, llena de cafeterías y cervecerías, tiendas de quesos y panaderías. Un lugar estupendo para hacer una pausa es **Scran & Scallie** (p. 133), el *gastropub* por excelencia.

❹ Quality Street

Se sigue adelante, curioseando entre tiendas de regalos y de segunda mano, y se gira a la derecha por Leslie Pl, que lleva a **Ann Street,** la calle residencial más cara de Escocia, con unas casas georgianas que entraron en la historia de la literatura cuando J. M. Barrie, autor de *Peter Pan,* situó en ella su obra *Quality Street.*

❺ Siguiendo el río

Se baja al Water of Leith cruzando el puente de St Bernard. Dando un rodeo por el sendero del río se llega al **pozo de St Bernard** (p. 132), monumento neoclásico con un manantial de aguas de supuesto efecto curativo.

❻ Día de mercado

Retrocediendo por el Water of Leith se llega a los Jubilee Gardens, donde los domingos se celebra el **mercado de Stockbridge** (p. 132), con productos artesanos. Desde el "Stock Bridge" se podrá ver la característica torre del reloj.

❼ Para acabar con estilo

Se sigue Kerr St hacia el sur y luego se toma **St Stephen Street** (p. 135), a la izquierda, una calle llena de tiendas independientes, bares y restaurantes con una apetitosa oferta y un ambiente de lo más agradable.

Misterios del pozo de St Bernard

MONUMENTO

PLANO: **1** P. 126 **B6**

Se cuentan muchas historias del Water of Leith, pero ninguna tan misteriosa como la de este pequeño templo neoclásico construido en 1789. El **pozo de St Bernard** presenta una estatua de Higía, diosa griega de la salud, y fue diseñado por el pintor escocés Alexander Nasmyth. Lo curioso es que las columnas dóricas y la cúpula ocultan un manantial de aguas sulfurosas que se rumoreaba que tenían poderes reconstituyentes, si no ya curativos, por lo que "tomar las aguas" en este lugar se puso muy de moda.

El interior, con su techo de mosaico y una bomba decorada con una vasija griega, se puede visitar, aunque solo está abierto los domingos de agosto y durante los **días de puertas abiertas** de septiembre. Con algo de imaginación, uno puede sentirse transportado a finales del s. XVIII, cuando los que disfrutaban de estas aguas eran la envidia de todo Stockbridge.

Visita al mercado de Stockbridge

MERCADO

PLANO: **2** P. 126 **C5**

Los domingos, entre 10.00 y 16.00, se combinan en el **mercado de Stockbridge** el buen café y la gastronomía global. El mercado, que ocupa el espacio verde de los Jubilee Gardens, junto al Water of Leith, es tanto un lugar para las compras y para tomar algo como un evento social donde se charla de cualquier cosa (en particular, del tiempo, del rugbi, de fútbol y de política).

Al celebrarse al aire libre, es de fácil acceso y se puede llevar al perro, y la experiencia es más ecológica y sostenible que en el supermercado. Los puestos pueden variar de una a otra semana, pero suelen encontrarse desde cerámica artesana hasta joyas, jabones y cosméticos, así como delicias de las panaderías, los ahumaderos y las destilerías de la zona, o comida callejera como la de **Harajuku Kitchen,** el mejor restaurante japonés de Bruntsfield, y café del **Bearded Barista,** que aparece por el mercado con su puesto móvil a pedales.

Almuerzo en Scran & Scallie

'GASTROPUB'

PLANO: **3** P. 126 **A4**

Edimburgo tiene mucho que agradecerle al chef local Tom Kitchin. En el 2013, el concepto de *gastropub* era desconocido en la ciudad, pero junto a su esposa sueca Michaela, aprovechó la oportunidad para abrir un novedoso *pub* de barrio y, desde entonces, el panorama gastronómico ha cambiado irrevocablemente.

El **Scran & Scallie** *(scranand scallie.com; 12.00-24.00; platos principales 20 £ aprox.)* sirve platos típicos de *pub* –imprescindible reservar– y es solo cuestión de tiempo acabar convirtiéndose en fan de Kitchin. El ambiente es relajado y amistoso, y platos como la tarta de pescado, la carne de caza o la *steak pie* con un sombrerito de tuétano se sirven en un entorno minimalista que tiene algo de escandinavo y algo de escocés. Tiene otro restaurante con estrella Michelin en Leith, el **Kitchin.**

Carrera de patos de Stockbridge

EVENTO

La gente de Edimburgo no deja de sorprender, y ese es el motivo por el que no es tan raro ver 1000 patitos de plástico lanzados al Water of Leith desde el Stock Bridge.

La **Stockbridge Duck Race,** celebrada el primer domingo de las vacaciones de verano, a finales de junio, lleva celebrándose tres décadas y se ha convertido en una tradición. Es muy divertida y competitiva: los patitos recorren veloces el río y, los que cruzan la línea de meta en primer lugar, ganan premios donados por los comerciantes locales. Se pueden comprar en cafeterías, restaurantes y tiendas, y como es un evento benéfico, lo recaudado se destina a causas justas, así que también es una valiosa iniciativa comunitaria.

De paseo por la elegante Raeburn Place

PASEO

Cowan & Sons (PLANO; **4** P. 126 **B4**), magnífica combinación de cafetería y tienda de láminas artísticas, es un lugar estupendo para iniciar el paseo por Raeburn Pl, la vía más popular de Stockbridge. Desde una mesita junto al escaparate se puede planear el siguiente movimiento: la visita al estudio de joyería de **Annie Smith** (PLANO; **5** P. 126 **B4**), enfrente, o algo más allá, a la llamativa **Caoba** (PLANO; **6** P. 126 **A4**), con artesanía mexicana, artículos de fiesta y arte popular.

Se pasará por unas cuantas tiendas más hasta llegar a **Independent Zebra** (PLANO; **7** P. 126 **A4**), magnífica tienda de regalos

---

 MINISTRO SOBRE PATINES

Sir Henry Raeburn, fundador de Stockbridge, nació a orillas del Water of Leith en 1756 y acabó convirtiéndose en el retratista de Jorge IV. A lo largo de sus 50 años de profesión, pintó más de 1000 retratos, entre ellos, los de contemporáneos suyos como Walter Scott, Robert Fergusson o Dugald Stewart. Hoy en día, su obra más famosa es *El reverendo Robert Walker patinando en el lago Duddingston*, más conocida como **'El ministro patinador'.** Con los años, este óleo ha ido adquiriendo cada vez más fama y se ha convertido en una de las obras más queridas de los escoceses. Se puede ver en la **National** (p. 96).

llena de artículos para la casa y recuerdos únicos que parecen sacados del sombrero de un mago. Al lado está la cafetería más popular de Stockbridge, **Artisan Roast** (PLANO: 8 P. 126 **A4**), donde cabe disfrutar de un estupendo café de comercio justo con los vecinos. Si hace sol, la terraza del **Raeburn** (PLANO: 9 P. 126 **A4**), a continuación, es ideal para tomar una cerveza contemplando el movimiento de la calle.

Admirar la calle más bonita de Stockbridge   CALLE HISTÓRICA

PLANO: 10 P. 126 **D5**

Quien haya visto una fotografía de **Circus Lane** pensará que es tan espléndida que parece creada por IA. Este callejón adoquinado, con un fotogénico chapitel asomando hacia el final y sus casas cubiertas de flores y hiedra, traza una curva entre St Vincent St y Circus Pl y es como un cuadro que ha cobrado vida. Hasta la iglesia que aparece en escena fue diseñada por el

arquitecto William Henry Playfair. Su popularidad le ha dado una nueva dimensión desde la llegada de Instagram, así que, quien quiera tomar fotos, debería mostrarse respetuoso y asumir que es una calle residencial y no un museo al aire libre. Lo más paradójico es que esta calle y sus casas se levantaron como establos para los criados, los carros y los caballos de los ricos que vivían en **Royal Circus,** al sur. Pero por bonitas que sean las grandes casas de esa otra calle, pocos visitantes les prestan la misma atención.

Hacer cola para comprar dulces en Lannan Bakery   PANADERÍA

PLANO: 12 P. 126 **D3**

Desde su inauguración, en el 2023, **Lannan Bakery,** con su aspecto de botica antigua, ha causado sensación. La panadería de Darcie Maher, reina de los pasteles, se encuentra en Hamilton Pl y no tiene pérdida: solo hay que ver la cola de gente que se concentra para

---

📖 LA VERDADERA SEÑORA DOUBTFIRE

En la década de 1970, la escritora inglesa Anne Fine estaba en Stockbridge y dio con una tienda de segunda mano cuyo nombre le cambiaría la vida. La tienda se encontraba en la esquina de Howe St con South East Circus Pl, y el cartel sobre la puerta decía **"Madame Doubtfire"**. Ese nombre memorable acabó convirtiéndose en el título de su exitosa novela para jóvenes, *La señora Doubtfire*. La tienda ya no existe, pero siempre quedará el recuerdo de Robin Williams interpretando a la señora Euphegenia Doubtfire, la niñera escocesa de la adaptación del libro al cine de Hollywood.

STOCKBRIDGE COLONIES

Las **Stockbridge Colonies,** junto al Water of Leith, son una sucesión de calles flanqueadas por casas adosadas económicas, en las que en su día vivieron hasta 2000 obreros. Se crearon complejos habitacionales similares en Leith y Dalry, y lo que nació como un experimento social y cooperativo ha perdurado como testimonio de la innovación del s. XIX. Los edificios están catalogados y protegidos por su significado histórico y arquitectónico. En los extremos de los gabletes se verán placas de piedra tallada que muestran las herramientas del gremio que construyó cada casa, desde decoradores hasta carpinteros o pizarreros.

PLANO: ⓫ P. 126 **B3**

comprar sus deliciosas danesas de frutas, sus relucientes bollos al cardamomo y sus azucarados rollos de canela.

Cuando se redactaba esta guía solo vendían café y bollería para llevar, pero con esos *pains suisses* deliciosos, acompañados de café o chocolate con leche al caramelo, es casi imposible no devorarlo todo a pocos metros de la salida, frente a la **iglesia parroquial de Stockbridge.**

De tiendas por St Stephen Street

COMPRAS

Para sentir la esencia de Stockbridge no hay nada mejor que pasar 1 o 2 h en **St Stephen Street** (PLANO: ⓭ P. 126 **D4**), donde han ido apareciendo una serie de tiendas y restaurantes muy populares. **VoxBox Music** (PLANO: ⓮ P. 126 **C5**), con cajas llenas de vinilos en la parte de delante y una biblioteca musical detrás, es uno de los lugares de referencia, sobre todo si la visita coincide con uno de sus conciertos en el local.

Al otro lado del emblemático **Stockbridge Market Arch,** del s. XIX, se encontrará **Treen** (PLANO: ⓯ P. 126 **D5**), un referente del estilo de vida vegano, con ropa para hombre y mujer, pero también cosméticos, perfumes y aceites corporales que garantizan que ningún animal ha sufrido en su elaboración. Una última parada puede ser **Golden Hare Books** (PLANO: ⓰ P. 126 **D5**), enfrente, un paraíso para los amantes de los libros. Su especialidad son los títulos independientes y los libros de no ficción, seleccionados por un personal apasionado por la literatura.

Ver críquet en el Grange

DEPORTE

PLANO: ⓱ P. 126 **A3**

Edimburgo es una ciudad de fútbol y rugbi, y hay una gran rivalidad entre los equipos locales y lo que ellos llaman "el lado malo de Escocia" (Glasgow). Sin embargo, el **Grange Cricket Club** ha sido el hogar del críquet escocés desde 1832.

Quien tenga curiosidad por ver cómo golpea el cuero contra la madera de sauce puede asistir a los partidos de prueba o a los enfrentamientos internacionales que se celebran aquí los fines de semana entre abril y principios de septiembre. El Grange también es la sede de las selecciones nacionales de críquet de Escocia y está junto a Inverleith Park, por lo que cualquiera que pase puede echar un vistazo.

Viaje gastronómico a San Francisco en el Avery
RESTAURANTE

PLANO: 18 P. 126 **D5**

En otro tiempo, el chef estadounidense Rodney Wages gestionaba los mejores restaurantes de la costa oeste de EE UU, tenía una estrella Michelin y una lista de reservas larguísima. Pero entonces se fue de vacaciones a Edimburgo, se enamoró de la ciudad y decidió trasladarse a Stockbridge. Y así nació el **Avery** *(averyedi.co.uk; menús degustación desde 149 £).*

Tal como cabría esperar, cenar aquí es toda una experiencia. El menú es un homenaje a las carnes y los mariscos escoceses, y la carta de bebidas cuenta con el mejor champán y sake japonés. Sus *tortellini in brodo* nunca fallan, pero hay cosas mucho más originales, como los *haggis* de paloma torcaz o la caballa salvaje curada en algas.

Lo mejor para...

ⓔ Económico **ⓔⓔ** Medio **ⓔⓔⓔ** Alto

Comer

Escocesa moderna

Eorna ⓔⓔⓔ
19 D4

Brian Grigor, antes chef del hotel Balmoral, acoge a 12 comensales para probar un menú degustación de seis platos. *18.45-23.00 ma-sa*

Skua ⓔⓔ
20 D5

Acogedor bar para tomar un cóctel y raciones como pollo frito, ostras o dónuts. Fabuloso. *17.00-22.30 mi y ju, 17.00-24.00 vi y sa*

Cardinal ⓔⓔⓔ
21 D3

Espectaculares menús degustación de 10 platos. *18.00-20.00 mi y ju, 12.00-13.45 y 18.00-20.00 vi y sa*

'Brunch' y café

Pantry ⓔ
22 D5

Desayunos con gofres, huevos Benedict y cócteles reconstituyentes. El fin de semana suele haber de 15 a 20 min de cola. *9.00-16.00*

Fortitude ⓔ
23 D4

Moderna cafetería con café de cultivos sostenibles y ricos pasteles. *8.30-16.00 lu-vi, 9.00-16.00 sa y do*

Italiana

Sotto ⓔ
24 B4

Un chef calabrés dirige la cocina y en la bodega hay 200 vinos italianos. *12.00-15.00 y 17.00-22.00 mi-vi, 10.00-15.00 y 17.00-22.00 sa, 10.00-15.00 y 17.00-19.30 do*

Beber

'Pubs' y cócteles

Kay's Bar
25 D6

Minúsculo *pub* victoriano con barricas de madera y una biblioteca. *11.00-23.00 lu-ju, 11.00-24.00 vi y sa, 12.30-23.00 do*

St Vincent
26 D5

Pub de la vieja escuela con una colección de discos, concursos de preguntas y un "muro de la fama"

perruno. *13.00-24.00 lu-ju, 13.00-1.00 vi, 12.00-1.00 sa, 12.00-24.00 do*

Last Word
27 D5

Cócteles y *whisky* en una coctelería con un gran ambiente. *16.00-1.00 mi-lu*

Comprar

Libros y regalos

Rare Bird Books
28 B4

Librería que promociona la literatura de mujeres y acoge charlas con los autores. *10.00-17.30 lu-sa, 10.00-17.00 do*

Galerie Mirages
29 D4

Boutique que ofrece arte, artesanía, telas y joyas de Asia. *10.00-17.30 lu-sa, 12.00-16.30 do*

Ginger & Pickles Children's Bookshop
30 D4

Librería muy acogedora, especializada en libros infantiles. *9.30-17.00 lu, ma y ju-sa, hasta 13.00 mi, 11.00-16.00 do*

Localizaciones en el plano de la **p. 126**

137

CIRCUITO A PIE

Camino de Cramond

Cramond, en el extremo oeste de Edimburgo, fue en su día una aldea molinera. Hoy es una preciosa zona de playa, ideal para dar un paseo de media jornada y llegar hasta la isla de Cramond, islote de marea usado como fortaleza durante la I Guerra Mundial.

INICIO	FINAL	DURACIÓN
Fuerte romano de Cramond	Playa de Silverknowes	7 km; 4 h

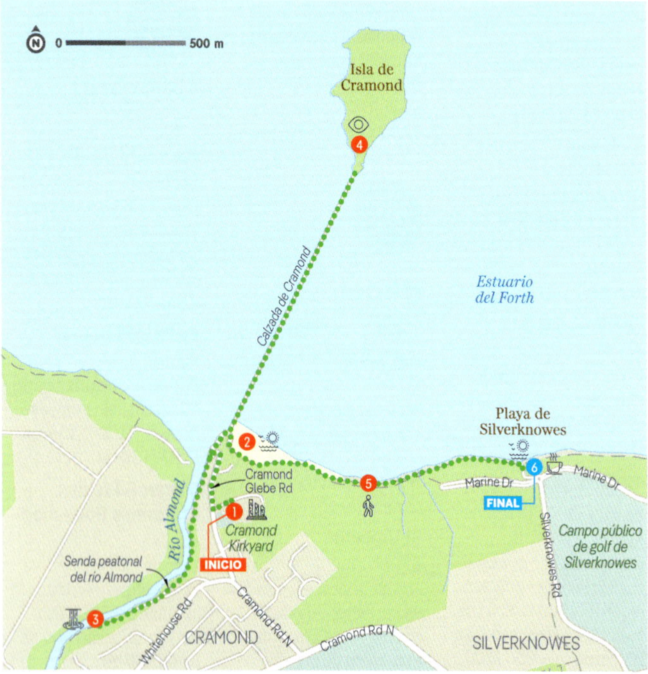

❶ Un paseo con los romanos

Desde Lothian Rd o Queensferry St se puede tomar la línea 47 hasta Cramond y ahí empezar el paso por los restos del **fuerte romano de Cramond,** en el recinto de la Cramond Kirk, del s. XVII. Solo quedan ruinas de los barracones originales, pero hay que pensar que, durante 300 años, esto fue una fortaleza romana.

❷ Camino a la playa

Al final de Kirk Cramond Lane se verá una casa del s. XV, pero el itinerario sigue hacia el norte, cruzando la parte más tradicional del pueblo hasta el paseo marítimo, con vistas al **estuario del Forth** y sus tres puentes a lo lejos.

❸ Río arriba

A continuación, hay que tomar el sendero que va desde la desembocadura del río hacia el interior, hasta las **cascadas de Cramond.** Por el camino se verán veleros amarrados, cisnes y casas encaladas, y las ruinas de los molinos junto al sendero, flanqueado de árboles, hasta llegar a las pequeñas cascadas. En total son 1,5 km, ida y vuelta.

❹ Aventura en la isla

La gran atracción de este itinerario es la **isla de Cramond,** un islote de marea en el que aún es posible ver las posiciones de artillería de la I Guerra Mundial. Solo se puede visitar con marea baja, pero eso da un margen suficiente para pasar en ella un par de horas. Hay que estar pendiente del reloj para no quedarse aislado.

❺ Paseo marítimo

De vuelta a la costa, la ruta recorre 1,3 km por **Cramond Promenade.** Los días de fiesta, el paseo marítimo se llena de patinadores, ciclistas, corredores y gente en la playa, paseando o –si hace buen tiempo– tomando el sol.

❻ Ambiente surfista

La **playa de Silverknowes** no es la de Bondi o la de Venice, pero, con un poco de imaginación, el Boardwalk Beach Club podría recordar otros clubes de surf de climas más cálidos. Es como un club de surf sin surfistas, pero sirve un estupendo café con pastas y, los fines de semana, hay música en directo. Un lugar agradable para pasar un rato, si hace sol.

Sugerencias de lugares para comer, beber y comprar en **p. 155**

Explora
Leith

Leith es el puerto de Edimburgo desde el s. XIV, un lugar lleno de historia marítima por su ubicación, en la orilla sur del estuario del Forth. Tras la II Guerra Mundial llegó la decadencia, se extendió el paro entre los trabajadores de los astilleros, los almacenes se vaciaron y llegó la droga, cruda escena que se refleja en la novela de culto *Trainspotting* y su adaptación cinematográfica. Pero Leith ha experimentado una gran recuperación gracias a la inversión local y a la aparición de nuevos restaurantes, bares y hoteles. Hoy, el barrio celebra su renacimiento, con cierta nostalgia.

Cómo desplazarse

 **Tranvía**

Los tranvías ofrecen comunicación con el centro, y recorren Leith Walk y Constitution St hasta The Shore, Ocean Terminal y Newhaven.

Autobús

Por Leith pasan muchos autobuses, sobre todo entre St Andrew Sq y Ocean Terminal. Son prácticas las líneas 7, 16 y 35 de Lothian Buses. La 36 conecta el West End con Leith pasando por Stockbridge. El Skylink 200 lleva de Ocean Terminal al aeropuerto.

★

LO MEJOR

HISTORIA MARÍTIMA
Yate real *Britannia* (p. 144)

CENA
The Shore (p. 148)

'BRUNCH'
Ardfern (p. 149)

HOTEL CURIOSO
Fingal (p. 152)

'WHISKY' Y DIVERSIÓN
Scotch Malt Whisky Society (p. 149)

The Shore (p. 148).
RICHIE CHAN/SHUTTERSTOCK ©

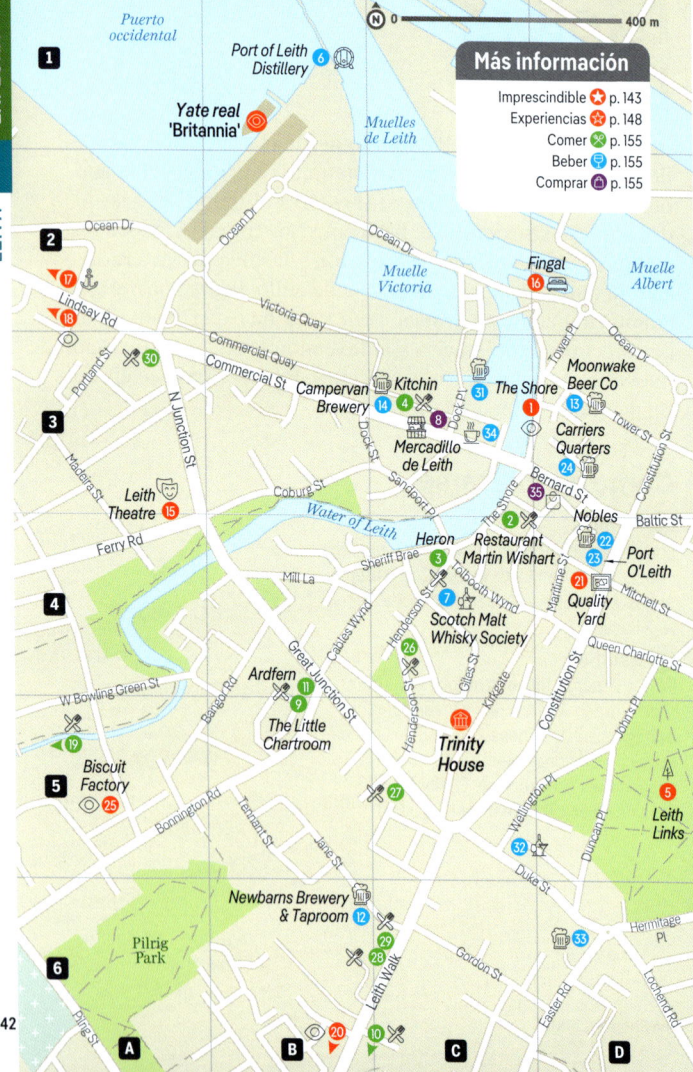

A **B** **C** **D**

1

Puerto
occidental

Port of Leith
Distillery **6**

Yate real
'Britannia'

Muelles
de Leith

Más información

Imprescindible	⭐	p. 143
Experiencias	🌟	p. 148
Comer	✴	p. 155
Beber	🍷	p. 155
Comprar	🛍	p. 155

N 0   400 m

2

Ocean Dr

Ocean Dr

Ocean Dr

Ocean Dr

Muelle
Victoria

Fingal **16**

Muelle
Albert

17

18

Lindsay Rd

30

Victoria Quay

Tower Pl

Moonwake
Beer Co

Ocean Dr

Portland St

Commercial Quay

Commercial St

Campervan
Brewery

Kitchin

14 **4**

31

The Shore **13**

1

Tower St

Constitution St

3

Madeira St

N Junction St

Dock St

8

Mercadillo
de Leith

34

Dock Pl

Carriers
Quarters

24

Bernard St

Leith
Theatre **15**

Coburg St

Dock St

Sandport Pl

The Shore

35

Nobles

Baltic St

Ferry Rd

Water of Leith

Sheriff Brae

Heron

3

Restaurant
Martin Wishart

2

22

23

Port
O'Leith

Constitution St

4

Mill La

Henderson St

Giles St

Tolbooth Wynd

Maritime St

21

Quality
Yard

Mitchell St

Queen Charlotte St

Cables Wynd

7

Scotch Malt
Whisky Society

Kirkgate

W Bowling Green St

19

Great Junction St

Ardfern

11

9

The Little
Chartroom

26

Trinity
House

John's Pl

Bangor Rd

Biscuit
Factory **25**

5

Bonnington Rd

Tennant St

Jane St

27

Wellington Pl

32

Duke St

Duncan Pl

5

Leith
Links

Easter Rd

Hermitage Pl

Newbarns Brewery
& Taproom **12**

29

28

Leith Walk

Gordon St

33

Lochend Rd

6

Pilrig
Park

Pyle St

A **B** **20** **10** **C** **D**

⭐ **IMPRESCINDIBLE**

Trinity House

La historia de Leith está unida al mar del Norte, así que no sorprende que uno de los edificios más importantes de esta localidad portuaria sea la Trinity House, una mansión georgiana llena de maquetas de barcos, instrumentos de navegación y recuerdos náuticos.

PLANO: P. 142 **C5**

Del mar y los marinos

La Trinity House está medio escondida, frente a la iglesia parroquial de Leith, pero es un elemento importante en la historia marítima de Leith. El edificio, neoclásico, data de 1816, pero en su día fue la sede de la Incorporation of Masters and Mariners, fundada casi 500 años antes. Esta asociación de marineros fue aduana y centro administrativo naval antes de convertirse en casa de beneficencia y hospital para marineros. El destino de Leith habría sido muy diferente sin ella.

Sala de reuniones

La visita empieza por la gran entrada y el salón interior, que lleva al **Convening Room,** regio salón en la planta superior donde los capitostes celebraban sus reuniones en torno a la larga mesa de caoba. Todo en el edificio recuerda a *Moby Dick,* con sus cartas náuticas, sus arpones y sus colmillos de narval decorando las estancias.

Visitas guiadas y accesibilidad

La **Historic Environment Scotland** gestiona el edificio, que solo se puede visitar reservando una **visita guiada** *(adultos/niños/socios 7,50/4,50 £/gratis).* Duran 1 h y salen los viernes a las 13.00 y 15.00, del 1 de abril al 30 de septiembre.

CONSEJO
En la Trinity House suelen celebrarse eventos de temática náutica, p. ej., en Halloween, Navidad y el Black History Month.

Escanea el código QR para ampliar información y reservar.

EXPLORA

LEITH

Yate real 'Britannia'

Construido en Glasgow y botado por la reina Isabel II en 1953, el *Britannia* se alza imponente frente a Ocean Terminal, donde permanece amarrado. Cuando estaba en servicio, se usó para eventos oficiales, vacaciones y lunas de miel de la familia real británica.

PLANO: P. 142 **B1**

CONSEJO
El *Britannia* no es el único barco del muelle. También se puede ver el *Bloodhound,* yate de carreras de la familia real, que fue propiedad de la reina en la década de 1960.

Escanea el código QR para ampliar información y comprar entradas.

Palacio flotante

En sus años de servicio, el **'Britannia'** *(royalyacht britannia.co.uk; adultos/niños 19,15/9,25 £)* transportó a la familia real durante un millar de visitas y albergó eventos políticos y privados importantes para el reinado de Isabel II y el mundo. Sus principales puntos de interés están en el interior, y la **visita autoguiada** con audioguías por las cinco cubiertas, los camarotes reales, las dependencias de la tripulación y la sala de máquinas de vapor ofrecen una visión diferente de la familia real. Para verlo todo harán falta unas 2 h.

Camarotes reales

El interior de la embarcación refleja sus 44 años de servicio, hasta que se retiró en 1997. En ese período, recorrió 1 millón de millas náuticas, llevando a la reina o a su familia, y a una tripulación de 250 marineros de los Royal Yachtmen. Su Majestad solía llevar 5 toneladas de equipaje, a 45 miembros de su servicio y su Rolls-Royce, en un garaje bajo la cubierta.

Lo más imponente es el **comedor oficial**, donde se celebraron cenas con personajes como sir Winston Churchill, Ronald Reagan, Nelson Mandela o Margaret Thatcher. Hacia la popa está el

KOAH/SHUTTERSTOCK ©

amplio **salón oficial,** de uso privado pero también empleado como sala de recepciones, amueblado con elegantes sofás tapizados y un piano de media cola Welmar que han tocado sir Noël Coward, la princesa Diana y la princesa Margarita.

Camarotes reales

Los camarotes privados de Isabel II y el príncipe Felipe, con un mobiliario sencillo y camas individuales, no son nada majestuosos. El salón favorito de la reina era el **Sun Lounge,** decorado con madera de teca, donde tomaba el té de la tarde. La **Verandah Deck** era la cubierta en la que el príncipe Felipe solía plantar su caballete para pintar y donde instalaban la piscina plegable para que la familia real se diera un bañito durante sus travesías.

UNA PAUSA
El **salón de té de la Cubierta Real** es donde la familia real se divertía en cubierta, un lugar especial para tomar una copa con un sándwich o unos bollos elaborados en las cocinas reales.

145

CIRCUITO A PIE

Paseo por Leith

Con tantos cafés, tiendas y agradables *pubs,* Leith es un lugar ideal para pasear y tomar algo. La zona más bonita es la que rodea The Shore, y este itinerario pasa por los restaurantes de la orilla, los puentes y los caminos que recorren el Water of Leith hasta su desembocadura, en el muelle Albert.

INICIO	FINAL	DURACIÓN
Leith Walk	The Little Chartroom	4,2 km; 2-3 h

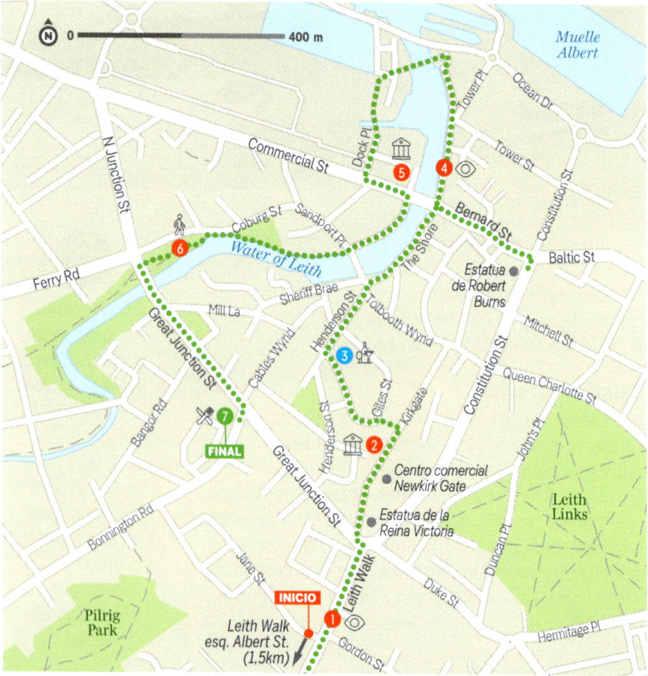

❶ Por Leith Walk

Se empieza recorriendo **Leith Walk** (p. 153), una calle de casi 2 km con cafeterías, *pubs,* panaderías y tiendas. En su extremo norte hay una estatua de la reina Victoria. Tras cruzar, se sigue adelante, pasando junto al centro comercial Newkirk Gate.

❷ Historia marítima

La peatonal Kirkgate lleva hasta la neoclásica **Trinity House** (p. 143), en su día sede del gremio de marineros, donde patrones y comandantes gestionaban el comercio marítimo, lo que dio al puerto de Leith protagonismo en el mar.

❸ Un brindis marinero

Pasada la iglesia parroquial de Leith, se gira a la izquierda por Giles St y se sigue al noroeste, parando para hacer una visita o una cata en The Vaults, gestionada por la **Scotch Malt Whisky Society** (p. 149). En su día fue un almacén de mercancías especiales; hoy es un club privado y whiskería (se permite el acceso con un pase diario).

❹ The Shore

A continuación se recorre **The Shore** (p. 148), la zona más bonita de Leith. Siguiendo la orilla sur del Water of Leith, se pasa junto a restaurantes con estrella Michelin, *pubs* especializados en pescado y marisco y hoteles flotantes, hasta llegar a King's Landing. Aquí desembarcó en 1822 Jorge IV, el primer monarca británico que visitaba Escocia desde 1650. A un paseo hacia el este, siguiendo Bernard St, hay una **estatua del poeta Robert Burns** (p. 82).

❺ Hora del almuerzo

Tras cruzar el Victoria Swing Bridge cabe dirigirse al Rennie's Lock Bridge. Al sur de este puente se encontrarán numerosos restaurantes, *pubs* y tiendas. En la **Custom House** se puede tomar un buen café de la **Williams & Johnson Coffee Co.** (p. 155), en Custom Lane.

❻ Al sur por el Water of Leith

Se cruza a Commercial Wharf y se sigue al sur por la orilla del **Water of Leith** (p. 118) hasta el puente de Great Junction Street para alejarse de la orilla.

❼ Banquete final

La última parada, junto a Great Junction St, es **The Little Chartroom** (p. 149), en Bonnington Rd, uno de los restaurantes más de moda de Edimburgo, para acabar con un buen festín. Quien prefiera un tentempié o un vino, puede visitar la cafetería contigua, **Ardfern** (p. 149).

EXPERIENCIAS

Pasear por The Shore

PASEO

Esta parte de Leith no tiene grandes atracciones turísticas, pero es ideal para empaparse del ambiente local. Henderson St es la mejor opción para llegar a **The Shore** (PLANO: **1** P. 142 **C3**) y pasear por su calzada adoquinada, sus *pubs* y restaurantes, que se extienden por la orilla del Water of Leith. A lo lejos se ven los barcos mercantes y las grúas del puerto, y todo huele a mar del Norte y a *fish and chips*.

En otro tiempo, la zona no era tan acogedora. Fue el primer puerto de Leith, desde tiempos de los anglosajones. Después llegaron los almacenes de *whisky,* las tonelerías, las asociaciones de marineros y las torres de señales. Los desembarcos de los invasores ingleses a mediados del s. XVI lo convirtieron en frente de guerra. Desde entonces, The Shore se ha ido aburguesando, acogiendo a diversos monarcas, entre ellos María Estuardo y Jorge IV, y ahora a los que buscan locales elegantes de comida y copas. Para probar menús degustación con estrella Michelin, a la orilla del mar, se pueden probar el **Restaurant Martin Wishart** (PLANO: **2** P. 142 **C4**), **Heron** (PLANO: **3** P. 142 **C4**) o **Kitchin** (PLANO: **4** P. 142 **C3**).

La cuna del golf

GOLF

PLANO: **5** P. 142 **D5**

El St Andrews Links, en Fife, siguiendo la costa este hacia el norte, se define como la "cuna del golf", pero el **Leith Links** (*leithlinkscc.org.uk*) tiene más derecho a reclamar ese título.

Aquí es donde, en 1744, la Honourable Company of Edinburgh Golfers celebró un torneo para el que se establecieron 13 normas que se convertirían en la base del golf tal como se conoce. Los documentos históricos muestran que en el espacio del parque se creó un recorrido de cinco hoyos (que había que completar dos veces), y se dice que Carlos I, Jacobo II y Jacobo VII jugaron aquí un partido durante su estancia en el palacio de Holyroodhouse. Aunque el campo original ya no existe, la **Leith Rules Golf Society 1744** celebra partidos conmemorativos durante su **semana del golf,** en julio. El parque cuenta también con zonas de juegos, campos de fútbol y de bolos y un arboreto.

Descubrir el 'whisky'

VISITA GUIADA

Hoy es habitual combinar la visita a Edimburgo con la cata de *whiskies*. Lo que no es tan normal es visitar la **Port of Leith Distillery** (PLANO: **6** P. 142 **B1**; *leithdistillery.com;*

visitas guiadas desde 20 £), primera destilería vertical del Reino Unido, un lugar que ofrece una perspectiva diferente del barrio. Esta estructura de nueve plantas, inaugurada en el 2023, se alza sobre los tradicionales muelles del *whisky* como un rascacielos. En lo más alto se muele y machaca el grano, y los procesos de fermentación y destilación se realizan en la parte baja.

Las visitas guiadas tienen mucho éxito e incluyen el llenado de botellas en miniatura, pero también se puede visitar el bar, en la 8ª planta, con unas vistas espléndidas del yate real *Britannia*. Otra opción es visitar The Vaults, de la **Scotch Malt Whisky Society** (PLANO: **7** P. 142 **C4**), con chimeneas, sofás de cuero y un imponente bar-whiskería en un almacén del s. XII. Es para socios, pero se puede obtener un pase de visitante.

Mercadillo de Leith   MERCADO

PLANO: **8** P. 142 **C3**

Aunque en esta zona han operado comerciantes y mercaderes durante

siglos, el **mercadillo de Leith** (*stockbridgemarket.com/leith.html*) es bastante reciente. Este mercado de productores, dirigido por el mismo equipo que gestiona los del West End y Stockbridge, funciona los sábados de 10.00 a 16.00 y ofrece comida callejera y creativas piezas de arte y artesanía.

El primer sábado del mes acoge el **Vegan Quarter,** muestra de la actitud progresista y sostenible de la que hace gala el barrio.

El talento de Roberta Hall McCarron   RESTAURANTE

La historia de **Roberta Hall-McCarron,** una de las mejores chefs escocesas de Edimburgo, empezó en el 2019 con el acogedor bistró **The Little Chartroom** (PLANO: **9** P. 142 **B5**; *thelittlechartroom. com*), en Leith Walk, para luego abrir un segundo restaurante en Bonnington Rd, **Eleanore** (PLANO: **10** P. 142 **C6**; *eleanore.uk*). El tercero, el **Ardfern** (PLANO: **11** P. 142 **B4**; *ardfern.uk*), se inauguró en el 2024 y forman un trío imprescindible.

 HISTORIAS DE LA GUERRA

Como puerto de entrada tanto para soberanos como para buques de guerra, Leith evolucionó al compás de la política y de las guerras del momento. Durante la **Guerra de Independencia de Estados Unidos,** la marina estadounidense intentó capturar la ciudad. Durante las guerras napoleónicas, se construyó una torre de defensa en la entrada del puerto. La Marina británica empezó a operar desde Leith entre 1709 y 1713 durante la **Guerra de Sucesión española,** y de nuevo entre 1792 y 1802, durante las **guerras revolucionarias francesas.** Por otra parte, aquí desembarcaron tanto Jorge IV como Nicolás II, el último emperador de Rusia. Está claro que Leith ha vivido mucho.

El éxito de la chef se debe a su talento creativo, y a la buena labor de su compañero, Shaun McCarron, de cara al público. Escoger cuál de los tres locales visitar dependerá del ánimo y la ocasión. The Little Chartroom y Ardfern son como el hermano mayor y el pequeño, uno junto al otro: el primero ofrece menús degustación de tres o cinco platos que transportan al comensal a las Órcadas, a las Highlands o a Fife; lo mejor de Escocia en la mesa. El Ardfern, más informal, es mejor para la mañana siguiente. Sirve sobre todo *brunches,* raciones y vinos.

Seguir la Leith Taproom Trail
RUTA DE LA CERVEZA

En este barrio, el *whisky* tiene mucha historia, pero la cerveza no se queda atrás. En una comunidad tan *hipster,* hay varias fábricas de cerveza artesanal y todas ofrecen algo más que las clásicas *lagers* comerciales que se pueden encontrar en *pubs* del resto de la ciudad. La ruta empieza junto al Leith Walk, en la **Newbarns Brewery & Taproom** (PLANO: **12** P.142 **B6**; *newbarnsbrewery.com*), en Jane St, donde tienen, sobre todo, *pilsner* de estilo alemán y cervezas de baja graduación, aunque también hay lugar para la experimentación. Se puede probar una *lager* estilo Helles con algas. Luego se visita la **Moonwake Beer Co,** (PLANO: **13** P.142 **D3**; *moonwakebeer. com*), fábrica y cervecería a poca distancia, cerca de The Shore, y después la **Campervan Brewery** (PLANO: **14** P.142 **C3**; *campervanbrewery. com*) y la Lost in Leith Bar and Fermentaria. Las cervecerías suelen abrir de jueves a sábado, pero los horarios pueden variar, así que conviene asegurarse antes. Otra opción es apuntarse a la **Leith Taproom Trail** de Scot Beer Tours *(scot.beer; solo verano).*

El legado del Leith Theatre
EDIFICIO HISTÓRICO

PLANO: **15** P.142 **A3**

Leith es un escaparate de tradiciones, pero uno de los elementos que más suele pasarse por alto es el **Leith Theatre** *(leiththeatre.co.uk),* frente al Water

---

'SUNSHINE ON LEITH'

Muchas canciones se asocian con Edimburgo, pero quizá ninguna sea tan famosa o popular en la ciudad como **'Sunshine on Leith',** de The Proclaimers. Los hermanos Charlie y Craig Reid escribieron esta balada en 1988, que se convirtió en el segundo sencillo de su segundo álbum, al que también dio título. De hecho, acabó convirtiéndose en el himno no oficial del club de fútbol **Hibernian,** con sede en Leith, del que los gemelos Reid son hinchas, y en la canción central de la banda sonora del musical y la película del mismo título (en español, *Amanece en Edimburgo*).

DAVID COLLINS/ALAMY ©

Mercadillo de Leith (p. 149).

of Leith, en la esquina de Ferry Rd y North Junction St, con dos bellos espacios: el Thomas Morton Hall y el auditorio principal, piedras angulares de la vida cultural del barrio desde la década de 1930, aunque su historia ha tenido altibajos.

Edimburgo no sufrió grandes bombardeos durante la II Guerra Mundial, pero en 1941, una bomba destinada a los muelles dañó el **auditorio principal,** que quedó inutilizable durante dos décadas. Luego, el teatro vivió un renacimiento: en los años sesenta fue escenario del Festival Internacional de Edimburgo, y en la década de 1970 acogió conciertos de bandas como AC/DC, Thin Lizzy o Kraftwerk. Volvió a cerrar en 1988 hasta el 2017. Desde entonces, acoge eventos y festivales de forma intermitente y se ofrecen visitas guiadas por el histórico edificio (contáctese previamente para puntualizar información).

Recorrido para fans de 'Trainspotting' CIRCUITO GUIADO

La película que más se asocia a Edimburgo es **'Trainspotting',** con Ewan McGregor y Robert Carlyle. La historia, dirigida por el galardonado Danny Boyle, se basó en la novela semiautobiográfica de

Irvine Welsh, gran éxito de ventas, que mostraba la triste vida de los heroinómanos en el Leith de mediados de los ochenta.

Tanto la novela como la película dejan una profunda impresión, y aunque la película se estrenó en 1996 (con una secuela en el 2017), los circuitos guiados sobre este fenómeno cultural siguen siendo populares. **Paul James Stewart Tours** *(pauljamesstewarttours. com)* ofrece paseos de 2 h visitando lugares que salen en el libro y las películas, y contando anécdotas personales sobre el barrio. Dado lo delicado del tema y el lenguaje soez que puede usarse, solo es recomendable para adultos.

Dormir en una antigua gabarra
HOTEL

PLANO: **16** P. 142 **D2**

El **'Fingal'** *(fingal.co.uk)*, usado en otro tiempo para transportar equipo pesado a los lugares más inaccesibles de Escocia, es un barco de 72 m de eslora atracado en Alexandra Docks. Pero también es un hotel flotante de 22 habitaciones en estilo *art déco,* propiedad del yate real *Britannia* y anclado a poca distancia, al fondo de la dársena.

Lo que llama la atención del *Fingal* es su elegancia. La cubierta superior se ha transformado en el **Lighthouse Restaurant & Bar,** con un reluciente techo dorado y suaves notas de saxofón flotando en el ambiente. En el interior se ha creado un elegante comedor y salón de baile. Hay un ascensor

NEWHAVEN

Al oeste de Leith se halla **Newhaven.** En el pasado, fue un activo pueblo de pescadores con sus propios astilleros, pero de eso queda poco; no hay más que fijarse en las casas bajas que en otro tiempo se usaban para guardar las redes. Sin embargo, el desarrollo urbano ha acabado con gran parte del encanto de esa época, pero aún se puede echar un vistazo al **puerto de Newhaven** y al **faro,** donde se encontrará el antiguo mercado de pescado, hoy ocupado por el restaurante Fishmarket, que sirve *fish and chips,* langosta y ostras, y que tiene *happy hour.*
PLANO: **17** P. 142 **A2**

transparente y la antigua sala de máquinas se ha vaciado para integrar uno de los pasillos. Todo está muy pensado y, aunque no se quiera pasar la noche, merece la pena subir a bordo para tomar un martini servido de una botella congelada en forma de faro.

Esculturas del Edinburgh Sculpture Workshop
ARTE

Edimburgo es una ciudad de escultores, y el moderno edificio del **Edinburgh Sculpture Workshop** (PLANO: **18** P. 142 **A2**; *edinburghsculpture. org*) es el primer centro del país dedicado a la escultura. Se halla junto a una línea férrea, en la carretera de Leith a Newhaven, cerca de donde se crió el escultor *pop art* Eduardo Paolozzi.

En el interior hay mucha actividad artística, desde exposiciones hasta charlas y cursos para toda la familia. Después de echar un vistazo a la muestra del momento, se puede tomar algo en la terraza del **MILK** (PLANO: **19** P.142 **A5**; *cafemilk.co.uk; 9.00-14.00 lu-ju, 9.00-16.00 vi-do*), la elegante cafetería del centro, donde sirven comida del mundo, *brunches* a cualquier hora del día y *pizza* los viernes por la noche. Se puede llegar dando un paseo por el **Hawthornvale Path** y luego siguiendo el paseo del Water of Leith.

De fiesta en el Leith Festival FESTIVAL

Sabiendo que el **Festival Internacional de Edimburgo** (p. 121) y el **Festival Fringe** (p. 62) revolucionan la ciudad en agosto, cabría pensar que el verano no da para más fiestas. Pero aún queda tiempo para el **Festival de Leith** *(leithfestival.com)*, celebrado durante una semana en junio. De hecho, tiene más historia que los otros dos, ya que nació en 1907.

La fiesta empieza con el **Gala Day,** cuando el Leith Links se llena de puestos de comida callejera, artistas, bailarines y cuentacuentos. Incluso hay un concurso canino. Durante la semana se suceden las actuaciones, los circuitos guiados y otros eventos, como un desfile encabezado por el **Mock Lord**

Provost, personaje que se mofa del alcalde de Edimburgo. Si no se puede asistir al Royal Edinburgh Military Tattoo en agosto, aquí también es posible asistir a un desfile de gaitas y tambores en el que participan escuelas de baile. Y es totalmente gratis.

Los locales más modernos de Leith Walk DE COMPRAS

Pequeños cafés, mercados polacos, restaurantes internacionales y barberías se disputan el espacio en **Leith Walk,** que no destaca por sus atracciones turísticas, sino por la visión que ofrece de una comunidad siempre al día, en la que se pueden pasar horas buscando gangas, paseando desde Piccardy Place al norte, hasta llegar al Foot of the Walk.

Por el camino, hay mucho que ver, comer y beber. **Bodega** es una taquería mexicana donde se puede picar algo. O quizá se quiera tomar una cerveza en el **Brunswick Book Club,** acogedor *pub* de barrio donde se puede comer a cualquier hora o escuchar música en directo. Detrás está el **Out of the Blue Drill Hall** (PLANO: **20** P.142 **B6**; *outoftheblue. org.uk*), que ofrece proyecciones de cine, ferias de arte, actuaciones, muestras y que organiza un **mercadillo** mensual con más de 45 puestos de antigüedades y objetos de segunda mano.

Arte urbano a la vista RECORRIDO

PLANO: **21** P.142 **D4**

Paseando por Leith queda claro que es un barrio muy creativo. Sus calles

153

'PUBS' EMBLEMÁTICOS

Nobles

PLANO: **22** P. 142 **D4**

Popular bar-café victoriano, con ventanas emplomadas originales y un ambiente que recuerda la historia portuaria de Leith.

Port O'Leith

PLANO: **23** P. 142 **D4**

Pub de lo más tradicional para ver los partidos de fútbol y oír música en directo los domingos. Se aceptan perros.

Carriers Quarters

PLANO: **24** P. 142 **D3**

El *pub* más antiguo de Leith, inaugurado en 1785, con cerveza de barril, música en directo, *pizza* y pantallas para ver el partido.

se han convertido en un lienzo para artistas del aerosol y los *stickers,* muralistas y *taggers,* y hay mucho que ver si se sabe dónde mirar.

Se puede empezar por la serie de **murales en casetas de conexiones eléctricas,** en Leith Walk y Constitution St, encargados por el Ayuntamiento de Edimburgo para dar color a las calles y mostrar la obra de grafiteros noveles y experimentados. Hay unos 15 murales, cada uno inspirado en una historia de Leith poco conocida, que abarcan desde los juicios a las brujas del barrio hasta los esqueletos que se descubrieron cuando se construyó la línea de tranvía. También es de visita imprescindible el **Quality Yard,** un patio del s. XVIII con altos muros entre Constitution St y The Shore, cubierto con murales por los cuatro costados. Hay que tener en cuenta que el panorama puede cambiar, como suele suceder con el arte urbano: no se puede predecir lo que traerá el futuro.

Música en la fábrica de galletas

VIDA NOCTURNA

PLANO: **25** P. 142 **A5**

Lo que era una fábrica de galletas de la posguerra y un almacén que estuvo ocupado por una empresa de jabones y productos químicos se ha convertido en uno de los escenarios más fascinantes del panorama artístico de Edimburgo. La **Biscuit Factory** *(biscuitfactory.co.uk),* que aún conserva instalaciones industriales, columnas de acero, claraboyas y ventanas antiguas, tiene un impresionante calendario de actividades: puede albergar desde un festival de la cerveza hasta un espectáculo de humor, un mercadillo, un *diner* itinerante, una noche de música electrónica con DJ o la presentación de un disco. Sus dos plantas están ocupadas por una comunidad muy activa, dedicada al destilado de *whisky,* la elaboración de cerveza, la fabricación de gafas de sol o de salsa picante, por ejemplo, y queda espacio para una tranquila **cafetería** *(7.00-15.00 lu-vi).*

Lo mejor para...

Ⓔ Económico **ⒺⒺ** Medio **ⒺⒺⒺ** Alto

Comer

'Pizzas' y tacos

Paloma ⒺⒺ
 26 C4

Taquería con tortillas amasadas a mano, raciones para compartir y cócteles. *17.00-22.00 mi y ju, 12.00-22.00 vi y sa*

Razzo Pizza Napoletana Ⓔ
27 C5

Acogedor local con excelente *pizza* napolitana, *antipasti* y helados. *12.00-21.30 do-ju, 12.00-22.00 vi y sa*

Chorrito Cantina Ⓔ
28 C6

Buenas margaritas y tacos rebosantes de salsa picante. Una vez al mes ponen una barra de *brunch* con chilaquiles. *17.00-22.00 ju-sa*

Panaderías y pastelerías

Twelve Triangles Ⓔ
 véase **10** C6

Minúscula panadería con panes de *sourdough*, pastas y cola para entrar. Tienen seis locales en la ciudad. *8.30-15.00*

Hobz Bakery Ⓔ
 29 C6

Panadería artesana especializada en panes y pastas con masas de fermentación natural. También hay café. *7.30-15.00 lu, mi y ju, 7.30-16.00 vi, 8.00-16.00 sa, 8.00-15.00 do*

Albys Ⓔ
 30 A3

Bocadillería con enormes sándwiches para llevar, rellenos de cosas deliciosas (como coliflor rebozada). *12.00-21.00 ma-do*

Beber

'Pubs'

Teuchters Landing
 31 C3

Pub con terraza junto al muelle. La oferta de cervezas y *whiskies* es variadísima, y sirven comida de *pub* y raciones de marisco. *10.00-1.00*

Lioness of Leith
 32 C5

Bar muy popular, con máquinas de juegos antiguas y una decoración muy divertida. Su

Localizaciones en el plano de la **p. 142**

fantástico "Burger Mama" triunfa. *16.00-1.00 lu-ju, 12.00-1.00 vi-do*

Nauticus
 33 D6

Pub de estética náutica, sirven *bevvy* (copas) y comidas típicas. *16.00-24.00 lu-ju, 16.00-1.00 vi, 14.00-1.00 sa, 15.00-24.00 do*

Café

Williams & Johnson Coffee Co.
 34 C3

El tostador de café más memorable de Leith. *8.00-17.00 lu-vi, 9.00-17.00 sa, 9.00-16.00 do*

Comprar

Recuerdos y regalos

Bard
véase **34** C3

Artículos de artesanía y diseño escoceses en una tienda-galería algo escondida. *11.00-17.00 vi-do*

Flux
35 D3

Artículos de metal y cerámica, joyas y ropa de comercio justo. *10.00-17.30 lu-sa, 11.00-16.00 do*

Sugerencias de lugares para comer, beber y comprar en **p. 170**

Explora
Sur de Edimburgo

Muchos de los barrios más elegantes y de moda se encuentran al sur de Edimburgo. Desde los Meadows, el gran parque del sur, las calles se abren como un abanico por Bruntsfield, Marchmont y Morningside, barrios poblados de cafeterías llenas de estudiantes, tiendas independientes y *pubs*. Las casas del s. XIX de Tollcross tienen su historia, pero el resto es una extensión de bonitas viviendas victorianas y casas de lo más caro de la ciudad. No es un barrio de atracciones turísticas, pero la oferta de restauración lo compensa.

Cómo desplazarse

Tren y tranvía
Los barrios del sur de Edimburgo se encuentran a 10 min a pie desde la estación de Waverley. El tranvía tiene parada en Princes St.

Autobús
El sur de Edimburgo comprende muchos barrios y una gran superficie, así que hará falta un autobús para llegar a las zonas más alejadas. Las líneas 5, 11, 15 y 16 son las más útiles, de Princes St a Tollcross; y las líneas 3, 5, 8, 21, 37, 47 y 49, de North Bridge a Newington.

LO MEJOR

MUSEOS MÉDICOS
Surgeons' Hall Museums
(p. 162)

AL AIRE LIBRE
Meadows (p. 162)

CALLE DE COMPRAS
Bruntsfield Place (p. 163)

GRANDES VISTAS
Monte Blackford (p. 164)

'PUB' HISTÓRICO Canny
Man's (p. 162)

Meadows (p. 162).
LUDOVIC FARINE/SHUTTERSTOCK ©

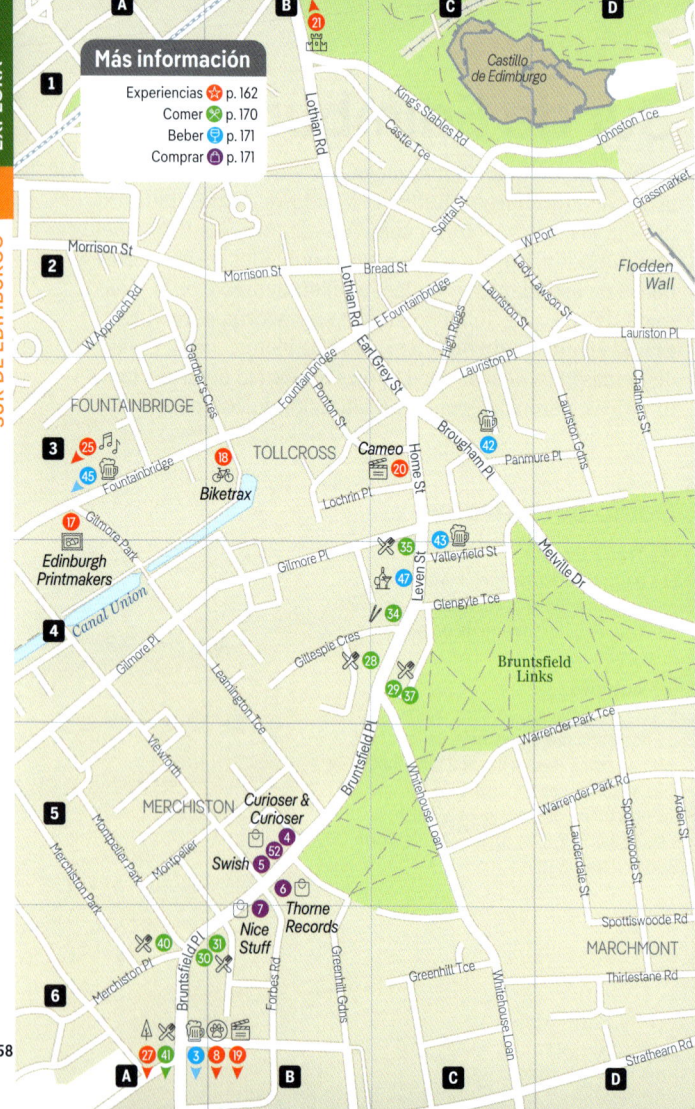

Más información

Experiencias p. 162
Comer p. 170
Beber p. 171
Comprar p. 171

Castillo de Edimburgo

King's Stables Rd
Castle Tce
Johnston Tce
Grassmarket

Morrison St
Morrison St
Bread St
Flodden Wall
W Port
Lady Lawson St
Lauriston St
Lauriston Pl
Lothian Rd
Spittal St
High Riggs
Lauriston Pl
Chalmers St
Lauriston Gdns
Panmure Pl

FOUNTAINBRIDGE
TOLLCROSS
Cameo
Brougham Pl

Fountainbridge
Earl Grey St
Ponton St
Home St
Lochrin Pl
Valleyfield St
Melville Dr

Biketrax
Gilmore Park
Gilmore Pl
Levy St
Glengyle Tce

Edinburgh
Printmakers
Canal Union
Gillespie Cres
Bruntsfield Links

Gilmore Pl
Leamington Tce
Viewforth
Bruntsfield Pl
Warrender Park Tce
Warrender Park Rd

MERCHISTON
Curioser & Curioser
Whitehouse Loan
Spottiswoode St
Arden St

Montpelier Park
Montpelier
Swish
Spottiswoode Rd
Lauderdale St
Spottiswoode St

Merchiston Park
Thorne Records
Nice Stuff
MARCHMONT
Merchiston Pl
Bruntsfield Pl
Forbes Rd
Greenhill Gdns
Greenhill Tce
Whitehouse Loan
Thirlestane Rd
Strathearn Rd

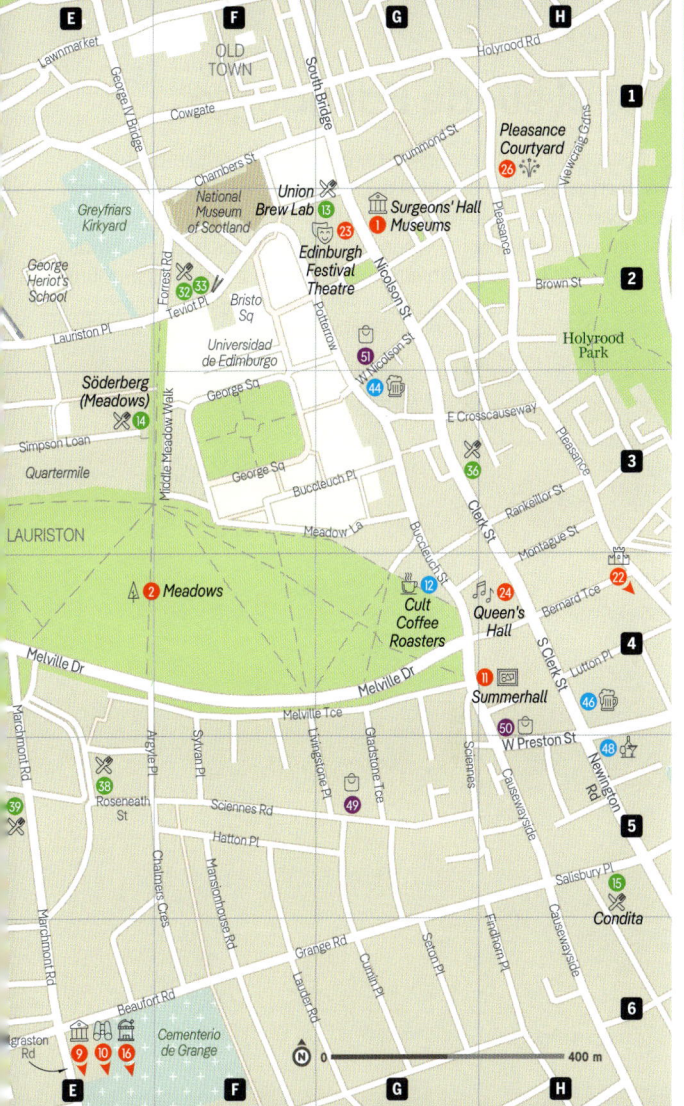

E
F
G
H

OLD
TOWN

Lawnmarket

George IV Bridge

Cowgate

South Bridge

Holyrood Rd

Drummond St

Pleasance
Courtyard
26

Viewcraig Gdns

1

Chambers St

Greyfriars
Kirkyard

National
Museum
of Scotland

Union
Brew Lab 13

Surgeons' Hall
Museums 1

23

Pleasance

Brown St

2

George
Heriot's
School

Forrest Rd

32 33

Teviot Pl

Edinburgh
Festival
Theatre

Bristo
Sq

Nicolson St

Holyrood
Park

Lauriston Pl

Universidad
de Edimburgo

Potterow

W Nicolson St

51

E Crosscauseway

Pleasance

3

Simpson Loan

Söderberg
(Meadows)

14

Middle Meadow Walk

George Sq

George Sq

44

36

Clerk St

Rankeillor St

Montague St

22

Quartermile

Buccleuch Pl

Meadow La

Buccleuch St

LAURISTON

Cult
Coffee
Roasters
12

Queen's
Hall
24

Bernard Tce

4

2 Meadows

Melville Dr

Melville Dr

S Clerk St

Lutton Pl

11

Summerhall

46

Melville Tce

50

W Preston St

48

Argyle Pl

Sylvan Pl

Livingstone Pl

Gladstone Tce

Sciennes

Causewayside

Newington Rd

5

39

Roseneath
St

38

Sciennes Rd

49

Salisbury Pl

15

Marchmont Rd

Chalmers Cres

Mansionhouse Rd

Hatton Pl

Grange Rd

Findhorn Pl

Seton Pl

Causewayside

Condita

Marchmont Rd

Beaufort Rd

Cementerio
de Grange

Clinton Rd

Lauder Rd

6

Igraston
Rd

9 10 16

E
F
G
H

N
0   400 m

CIRCUITO A PIE

Por el sur de Edimburgo

Si Leith es un barrio emergente, Bruntsfield y Morningside, los barrios más interesantes del sur, han emergido hace tiempo. Este paseo recorre lo mejor de ambos, deteniéndose para contemplar los espacios verdes y las plazas más bonitas. Ambos extremos de la ruta están comunicados con frecuentes autobuses.

INICIO	FINAL	DURACIÓN
Surgeons' Hall Museums	Canny Man's	4,5 km; 2-3 h

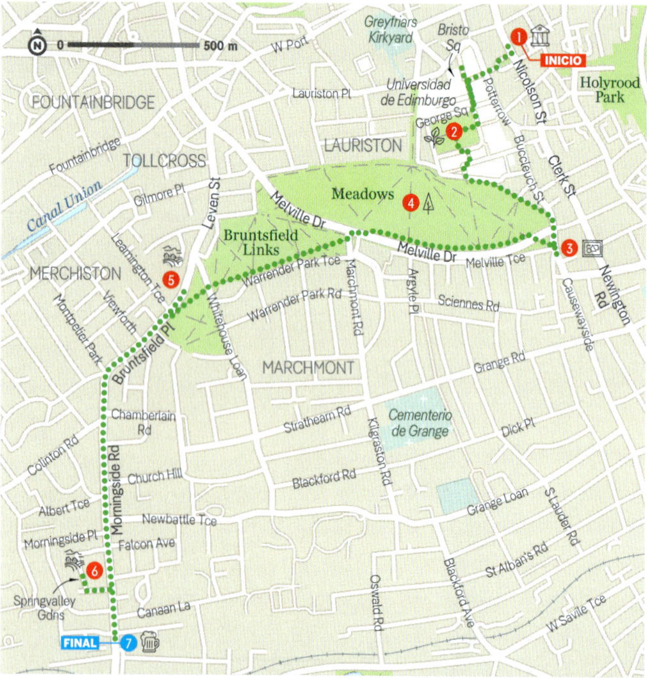

❶ Lección de historia quirúrgica

Puede parecer desagradable, pero los **Surgeons' Hall Museums** (p. 162) son un lugar fascinante para aprender sobre el cuerpo humano, y albergan una de las mayores colecciones de patología del mundo. Desde aquí se puede cruzar el campus de la Universidad de Edimburgo, pasando por Bristo Sq, hasta los jardines de George Square.

❷ Por los jardines

En agosto, los **jardines de George Square** acogen numerosas actuaciones, con puestos de comida y cervecerías al aire libre, para el **Festival Fringe** (p. 62), pero el resto del año, son un lugar muy tranquilo para el paseo. Es una zona muy elegante, donde han vivido, entre otros, sir Arthur Conan Doyle (en el nº 23) y sir Walter Scott (nº 25).

❸ Visita al Summerhall

Desde aquí, se toma Buccleuch Pl hasta el **Summerhall** (p. 164), elegante escenario para la música y las artes, rodeado de bares y cafeterías de moda donde tomar un sándwich, un café o un pastel antes de seguir al oeste por Melville Dr.

❹ Parque con vistas

Los **Meadows** (p. 162) son el mayor espacio verde del sur, con vistas del Arthur's Seat, al este. El ambiente es estupendo, con gente que corre y pasea con el perro, parejas que hacen pícnic y familias que juegan. Al llegar a Marchmont Rd, se pasa junto al antiguo campo de golf de Bruntsfield Links.

❺ De compras por Bruntsfield

Para alejarse de las multitudes de la Old Town y la New Town, no hay nada como **Bruntsfield** (p. 163), con estupendos cafés, *pubs,* restaurantes y tiendas. Hay que seguir por Bruntsfield Pl hacia el sur, parando quizá a hacer alguna compra.

❻ El ambiente de Morningside

La ruta sigue al sur por **Morningside,** con bonitas vistas de los montes Pentland. Aquí se encontrará todo lo que puede esperarse de un barrio sofisticado: animados cafés, interesantes *boutiques,* atractivos bistrós y acogedores *pubs.*

❼ Hora de la cerveza

Hacia el centro de Morningside Rd se halla uno de los *pubs* más memorables de Edimburgo. El **Canny Man's** (p. 162), corazón y alma del barrio, tiene una decoración fantástica, con numerosas reliquias del pasado, y un gran ambiente.

Calaveras y esqueletos en los Surgeons' Hall Museums

MUSEO

PLANO: **1** P. 158 **G2**

Entre cementerios, callejones siniestros y cementerios, en Edimburgo abundan los lugares con una historia morbosa, pero los **Surgeons' Hall Museums** (*museum.rcsed.ac.uk; adultos/ niños 9,50/5 £*) llevan el tema en otra dirección, mostrando una colección de patología compuesta por cráneos, esqueletos y otras partes del cuerpo con anormalidades, instrumental quirúrgico y herramientas anatómicas que dan escalofríos.

El museo se compone de varias secciones, como el **Wohl Pathology Museum,** el **History of Surgery Museum,** la **Dental Collection,** y el **Body Voyager,** que explora la evolución de la informática y la robótica aplicadas a la medicina. Todo parece muy académico, pero es para todos los públicos, y las exposiciones son fascinantes. Una de las piezas más macabras es la **máscara mortuoria de Burke,** hecha tras la ejecución del ladrón de tumbas, que conserva las marcas del nudo de la horca.

Pícnic en los Meadows

PARQUE

PLANO: **2** P. 158 **E4**

Los **Meadows** son el jardín trasero del sur de la ciudad, y acogen festivales, eventos, partidos de críquet y carreras. Esta zona verde tiene 1,5 km de longitud y está surcada de senderos, por lo que es ideal para hacer pícnic bajo sus viejos olmos, y también para alejarse del bullicio y pasear. Al este del parque se puede ver el perfil recortado del **Arthur's Seat** (p. 78) y distinguir la cumbre.

No hay mucho más aparte de los senderos, las pistas de tenis y los campos de deporte, pero vale la pena recordar algunos detalles de la historia del parque. Originalmente, unas 22 Ha de lo que hoy son los Meadows las ocupaba el Burgh Loch, que fue drenado en la década de 1740, y en uno de los caminos antes había un arco hecho de una mandíbula de ballena. Pocos aficionados al fútbol saben que el primer derbi de la ciudad entre el **Hearts** y el **Hibernian** se jugó aquí, el día de Navidad de 1875.

El Canny Man's, más que un 'pub'

'PUB' HISTÓRICO

PLANO: **3** P. 158 **A6**

Este *pub* de quinta generación es toda una institución en Morningside, con reservados y salas privadas. El televisivo chef Rick Stein lo describió como "el mejor *pub* del mundo", pero eso no hace justicia al **Canny Man's** (*cannymans.co.uk*). Es mucho más que un *pub* clásico.

En el interior hay mucho que ver: por todas partes hay

antigüedades, cuadros enmarcados, animales disecados, relojes y piezas curiosas como para llenar un museo. En primer lugar está la barra tradicional, con tallas en madera, de tiempos del propietario original, James Kerr (1870). También cuenta con un fabuloso restaurante con curiosos rincones y una carta con pescado y marisco, sándwiches daneses y platos especiales los domingos. Hay una amplia oferta de bebidas, pero el *bloody mary* lo hacen con un ingrediente secreto y se dice que es el mejor de la ciudad.

De compras por Bruntsfield Place COMPRAS

El mejor modo de observar el paisaje urbano de Bruntsfield es pasear por su calle principal, **Bruntsfield Place.** Yendo hacia el sur, se hallarán cada vez más tiendas al dejar atrás Bruntsfield Links: **Curioser & Curioser** (PLANO: **4** P. 158 **B5**) es la mejor para empezar, con una gran selección de tarjetas de regalo, joyas,

menaje, láminas artísticas, libros y originales calcetines. Unas puertas más allá está **Swish** (PLANO: **5** P. 158 **B5**), con bonitas camisetas escocesas y accesorios, y enfrente, **Thorne Records** (PLANO: **6** P. 158 **B5**), con numerosos vinilos y álbumes de colección. Otra tienda interesante es **Nice Stuff** (PLANO: **7** P. 158 **B6**), que hace honor a su nombre (cosas bonitas). Vende artículos hechos a mano y ocurrentes regalos para los más exigentes.

Incursión en el Hermitage of Braid PASEO

La excursión por el **Hermitage of Braid** (PLANO: **8** P. 158 **B6**) y la Blackford Hill Local Nature Reserve, al sur de Morningside, empieza con un paseo por una verde cañada, pasando junto a la **Hermitage House** (PLANO: **9** P. 158 **E6**), imponente ejemplo de arquitectura del s. XVIII y sede del Servicio de Patrimonio Natural del Ayuntamiento de Edimburgo, y sigue al este por

 SANGRE Y TRIPAS

El Real Colegio de Cirujanos de Edimburgo, que alberga los **Surgeons' Hall Museums,** data de 1505 y es uno de los más antiguos del mundo. Aunque se puede recordar su historia visitando el campus principal –con un edificio neoclásico construido por Playfair en 1832– también es posible hacerlo apuntándose al **circuito guiado de la historia médica** *(museum.rcsed.ac.uk; adultos/niños 18,85/9,95 £, 14.00 sa y do),* donde se habla de las fiestas del té con cloroformo (experimentos que hoy no aprobaría ningún comité ético) y de los asesinos en serie Burke y Hare. La edad mínima es de 10 años.

el paraje solitario, entre laureles, sicomoros, fresnos y acebos, hasta que aparece al fondo el **monte Blackford** (164 m; PLANO: ⑩ P. 158 **E6**).

Esta verde colina, principal atracción del Hermitage of Braid, ofrece estupendas panorámicas de la ciudad y está surcada por senderos por los que muchos salen a caminar o a correr. Es un lugar de excepción para ver estrellas, junto al **Royal Observatory Edinburgh** (p. 166). Para informarse sobre la fauna a observar, que incluye decenas de especies de aves, se puede consultar la web de **Friends of the Hermitage of Braid & Blackford Hill** (*fohb.org*).

Noche de espectáculo en Summerhall   VIDA NOCTURNA

Summerhall (PLANO: ⑪ P. 158 **H4**; *summerhall.co.uk*), antigua sede de la Royal School of Veterinary Studies –también conocida como Royal Dick por el veterinario William Dick–, está a la vanguardia de la oferta de artes escénicas de Edimburgo, con un amplio programa de música, cine, teatro, poesía y artes visuales. Es como un laberinto de sorpresas al estilo *Alicia en el País de las*

Royal Observatory Edinburgh.
MAKHH/SHUTTERSTOCK ©

LAS MEJORES CAFETERÍAS

Cult Coffee Roasters

PLANO: **12** P. 158 **G4**

Tostadero de café de Newington en un pasaje de Buccleuch St, con un buen *brunch* e interesantes artículos de *merchandising*.

Union Brew Lab

PLANO: **13** P. 158 **G2**

Es una de las cafeterías especializadas más antiguas, con tienda y laboratorio. Se encuentra detrás del National Museum of Scotland.

Söderberg

PLANO: **14** P. 158 **E3**

En Suecia, la pausa del café o *fika* es una obsesión, lo mismo que esta panadería-cafetería escandinava para los escoceses. Sirven bollitos de cardamomo y *pizza* de *sourdough* en dos locales, uno en Morningside Rd y el otro junto a los Meadows.

Maravillas, donde encontrar novedades, artistas, talleres y empresas emergentes. Aquí están tanto la cervecería **Barney's Beer** como **Pickering's Gin.**

Para conocer el programa, se puede pasar por la **MF Coffee Shop** o por el *pub* **Royal Dick** (véase **11** **H4**; antes, un hospital de pequeños animales). Los martes por la noche, el **Edinburgh Ceilidh Club** es un buen recurso

para entender la danza de las Highlands. El local ha estado a punto de cerrar cuando los dueños del edificio lo pusieron en venta, pero el centro firmó un contrato de alquiler por 3 años, asegurando el futuro inmediato de un importante núcleo de arte popular de la ciudad.

Cena especial en el Condita
RESTAURANTE

PLANO: **15** P. 158 **H5**

Para disfrutar de una experiencia especial, se puede visitar este pequeño restaurante independiente de Salisbury Pl con una estrella Michelin. El **Condita** *(condita. co.uk; menús 160 £; cena ma-do)* es un local discreto, sin pretensiones, situado entre una oficina de correos y una barbería. Con solo seis mesas íntimas y ambiente de bistró de barrio, muchos vecinos ni siquiera lo conocen.

Ofrece un menú degustación de temporada del que solo dan alguna pista en forma de dibujos a mano de alguno de los ingredientes. La decoración es estupenda y cambia según la temporada, pasando de un juego de colores en primavera a las flores silvestres en verano o las lilas en flor. Es imprescindible reservar.

Ver las estrellas en el Royal Observatory Edinburgh
OBSERVATORIO

PLANO: **16** P. 158 **E6**

El monte Blackford no es solo para los amantes del aire libre, sino para quien tenga curiosidad por el funcionamiento del universo. Aunque en principio es un centro de estudio, el **Royal Observatory Edinburgh** está abierto al público en ocasiones especiales, sobre todo en otoño e invierno, en noviembre y en febrero. Además de oír historias sobre cómo funciona el observatorio, se puede descubrir el telescopio victoriano y contemplar las estrellas, si el tiempo lo permite.

Ver a los artistas de Edinburgh Printmakers ESTUDIO ARTÍSTICO

PLANO: **17** P. 158 **A3**

Fountainbridge, al suroeste de la Old Town, ha cambiado mucho últimamente, entre otras cosas, por el **Edinburgh Printmakers** *(edinburghprintmakers.co.uk; gratis),* estudio artístico inaugurado en el 2019, que ocupó un bonito edificio histórico antes ocupado por una fábrica de goma y una cervecería. Este centro de grabados y artes visuales es un lugar fantástico con mucho que ver y donde se pueden pasar unas horas.

Hay dos galerías que albergan **muestras de litografías** y **grabados,** una tienda donde comprar grabados originales y productos manufacturados, un local para actividades, cafetería, un patio y jardín comunitario. Lo más destacado es el diáfano **estudio de grabados,** donde se ve trabajar a grandes grabadores. Si se va a pasar un tiempo en Edimburgo, se puede incluso hacer un curso de grabado.

Por el canal Union CANAL

El **Union Canal,** de 51,2 km, construido en 1822 entre Edimburgo y Glasgow para facilitar el transporte de carbón a la ciudad, es uno de los secretos mejor guardados de Tollcross. Las mercancías dejaron de circular en la década de 1930, pero en el 2002, tras la restauración (financiada con la lotería) el camino de sirga y el canal volvieron a abrirse. Desde entonces, es un lugar estupendo

 LOS OTROS CASTILLOS DE EDIMBURGO

En Escocia hay numerosos castillos medievales, aunque el de Edimburgo es el más popular: en el 2023 recibió 1,9 millones de visitantes. Muchos van también al de Craigmillar, pero pocos llegan hasta el tercer castillo de la ciudad, una fortaleza espectacular en medio del bosque, a 30 min del centro urbano. El **castillo de Lauriston** *(edinburghmuseums.org.uk; visita guiada adultos/niños 10/8 £, entrada al recinto gratis),* en Cramond, merece una visita, con su precioso jadín japonés, su amplio recinto, su museo, una torre del s. XVI supuestamente encantada y hasta una panadería casera. Hay visitas guiadas de martes a domingo, a las 13.30 y las 15.00.

para caminar, ir en bicicleta o navegar.

Desde el **Edinburgh Quay,** en el extremo este del canal, se puede hacer una agradable excursión de media jornada, siguiendo las relucientes aguas, por los barrios de Polwarth, Craiglockhart y Slateford. Si se quiere alquilar una bici, **Biketrax** (PLANO: ⑱ P. 158 B3; *biketrax. co.uk*) se encuentra junto al camino de sirga, en el punto de partida, y también es posible alquilar kayaks, canoas y tablas de surf de remo en **Bridge 8 Hub** *(bridge8hub.co.uk),* en Wester Hailes. Si se tiene energía suficiente, se puede incluso recorrer todo el camino hasta Glasgow.

Ver una película en un cine 'art déco'
CINE

En un tiempo en que los cines de todo el mundo van cerrando con el auge de los servicios de *streaming,* Edimburgo lucha por mantener abiertas sus salas más clásicas.

El **Dominion Cinema** (PLANO: ⑲ P. 158 B6), inaugurado en 1938, es un cine independiente de Morningside con un cartel de neón rojo en un lado del edificio, y ofrece una experiencia muy diferente a la de una visita a un multisalas. No solo por su "salón de la fama" (Cary Grant, Jude Law, Sigourney Weaver, Judi Dench y Billy Connolly han pisado su alfombra roja), sino por sus cómodas butacas y sus caramelos y aperitivos gratis. Por su parte, el **Cameo** (PLANO: ⑳ P. 158 C3), abierto en

Tollcross en 1914, tiene un variado programa de películas comerciales y de arte y ensayo. A los amantes del cine les gustará saber que sale en *El ilusionista,* película de animación francesa dirigida por Sylvain Chomet.

Subir a lo alto del castillo de Craigmillar
CASTILLO

La mayoría de los visitantes cree que la ciudad solo tiene un castillo, pero en realidad hay una docena al menos. **Castillo de Lauriston Castle** (PLANO: ㉑ P. 158 B1), en Cramond, al oeste, es un destino estupendo para una escapada familiar, pero sin duda las ruinas de **Castillo de Craigmillar** (PLANO: ㉒ P. 158 H4; *historicenvironment.scot; adultos/ niños 7,50/4,50 £)* ofrecen un ambiente más sugerente.

Esta fortaleza medieval se encuentra 4 km al sureste de la Old Town, en un emplazamiento espectacular, y cuenta con varios elementos fabulosos, como el gran salón, la mazmorra y los imponentes muros exteriores. Al igual que cualquier otro castillo, esconde oscuras escalinatas, pero lo más espectacular es la panorámica que se domina desde la torre más alta. En 1566, María Estuardo solía usarlo como lugar de escapada. Se puede llegar con las líneas nº 14 o 30 de Lothian Buses desde South Bridge; luego habrá que caminar cuesta arriba unos 15 min.

Esquí en los 'Alpes' de Edimburgo
ESTACIÓN DE ESQUÍ

En el sur de la ciudad está el **Midlothian Snowsports Centre** *(midlothian.gov.uk)*, con dos pistas de esquí artificiales, dos arrastres y cafetería. Dispone de equipo de alquiler y ofrece clases de esquí. Tiene la segunda pista artificial más larga de Europa y es el centro nacional de entrenamiento de los esquiadores olímpicos escoceses, pero también está abierta a aficionados y a quien busque algo diferente.

La estación se encuentra a 30 min del centro y, desde lo alto, se ven tanto barrios residenciales como los pastos de las Pentlands, con sus ovejas. Es un lugar original donde pasar unas horas esquiando, practicando el *freestyle* o el *tubing*, y da una idea de cómo se enfrenta Escocia al cambio climático y a la falta de nieve. En el 2024, se abrió la última atracción de la estación, la primera **Alpine Coaster** de Escocia, un tobogán de 1 km para bajar la ladera a toda velocidad.

Saborear la ciudad en el Edinburgh Food Festival
FESTIVAL

El mayor festival gastronómico gratuito de la ciudad es el **Edinburgh Food Festival** *(edfoodfest.com)*, que dura 10 días y se celebra en los jardines de George Square cada mes de julio, como prólogo del **Edinburgh**

Festival Fringe (p. 62), celebrado en agosto. También sirve como introducción al panorama gastronómico de la ciudad, con charlas de chefs, talleres de cocina, venta de productos artesanos, catas y todo tipo de puestos de comida callejera, así como la entrega de los **Scottish Street Food Awards.**

En estos barrios aburguesados se ubican buenos restaurantes, y el festival es una oportunidad de probar de todo, desde salsas picantes hasta *macarons, cannoli* o jugo de espino amarillo. La oferta gastronómica de Edimburgo, concentrada.

Una noche en la ópera
TEATRO

PLANO: **23** P. 158 **G2**

El **Festival Theatre** de Edimburgo *(capitaltheatres.com)* es un teatro superlativo. Se halla en el principal barrio de teatros de la ciudad y se ha convertido en el principal teatro de la ópera y de la danza de Escocia, escenario de grandes producciones de categoría internacional. También es el más grande del país (y el tercero del Reino Unido), sede del **Ballet Escocés** y la **Ópera Escocesa.** Aquí han actuado Charlie Chaplin, Laurel y Hardy, Fats Domino y David Bowie, entre otros.

Casi todas las noches hay espectáculos, desde musicales hasta teatro clásico, ballet, ópera o monólogos cómicos,

LOS MEJORES ESCENARIOS

Queen's Hall

PLANO: **24** P. 158 **H4**

Hace 200 años, se construyó como capilla, pero actualmente es uno de los auditorios musicales de tamaño medio más interesantes de la ciudad, con buenos espectáculos de música popular y tradicionales escoceses.

O2 Academy

PLANO: **25** P. 158 **A3**

Local de Slateford donde escuchar música *indie* y *dance,* o asistir a conciertos de bandas prometedoras o ya asentadas, de las décadas de 1990 y 2000.

Pleasance Courtyard

PLANO: **26** P. 158 **H1**

Patio adoquinado perteneciente a la Universidad de Edimburgo, que en agosto se convierte en escenario imprescindible del **Festival Fringe** (p. 62).

pero conviene llegar pronto. El auditorio tiene cabida para 1915 personas, y los habituales suelen llenar el bar, con pared de cristal, para tomar un vino y picar algo antes de la desbandada general hacia las localidades, 30 min antes del inicio.

Excursión a pie por los Pentlands

CAMINATA

PLANO: **27** P. 158 **A6**

Está muy cerca del centro de Edimburgo, pero el **Pentland Hills Regional Park** (*pentlandhills. org; gratis*) es como una muestra de las Highlands en miniatura y una orgullosa representación de sus tradiciones. Es apto para excursiones cortas fáciles, salidas de todo un día, en bici de montaña, para nadar en sus ríos, practicar surf de remo y muchas otras actividades. Aventuras que muchos creen que solo pueden hacer en las Highlands occidentales, a tiro de piedra de la ciudad.

En este agreste terreno viven corzos, urogallos y liebres, y hay antiguos embalses, pastos llenos de ovejas y cinco cumbres que se pueden recorrer en una larga excursión de un día. El **Scald Law** es el pico más alto, con 579 m, y recompensa el esfuerzo de la ascensión con una panorámica de cumbres volcánicas, valles y castillos lejanos. El parque cubre un gran espacio, por lo que tiene diferentes puntos de acceso con varias paradas de autobús. Las líneas 4, 10, 16 y 27 de Lothian Buses son las más útiles.

Lo mejor para...

 Económico Medio Alto

Comer

Ambiente local

KORA by Tom Kitchin €€€

 28 B4

Cocina elaborada con ingredientes frescos, obra del galardonado chef responsable del Kitchin en Leith. *17.30-20.45 lu-ju, 12.00-21.00 vi, 11.00-21.00 sa, 11.00-20.45 do*

Margot €€

29 C4

Sencillo local de reciente aparición donde tomar el desayuno o el *brunch*, o unos *meze* y un vino. *8.30-16.00 ma y mi, 8.30-22.00 ju y vi, 9.00-22.00 sa, 9.00-16.00 do*

Piggs €

30 A6

Tapas al viejo estilo, rioja, cava y jerez en un popular local familiar. Los mismos dueños tienen otro en Canongate. *12.00-23.00*

Montpelliers €€

31 B6

Local para familias y grupos en Bruntsfield, con una amplia carta, desayunos todo el día y una decoración que recuerda el salón de casa. *9.00-13.00*

Cocinas del mundo

El Cartel €€

32 F2

Popular local mexicano con tacos, tortillas y otros platos típicos. Gusta mucho a los estudiantes. *12.00-22.00 ma-sa*

Ting Thai Caravan €

33 F2

Moderno local tailandés con platos de comida callejera y mucho ambiente. No aceptan reservas. *12.00-22.00 do-ju, 12.00-23.00 vi y sa*

Harajuku Kitchen €€

34 C4

Paredes de papel, un mural floral y una carta reflejo del origen del chef y propietario, Kaori Simpson, formado en Fukuoka. *12.00-15.00 y 17.00-22.30 lu-vi, 12.00-22.30 sa, 12.00-16.00 y 17.00-21.00 do*

Tuk Tuk €€

35 C4

Cantina india con tapas, cajas de almuerzo, tentempiés y curris. *12.00-22.00*

Tanjore €

36 G3

Comida típica del sur de la India –*dosas, idlies, vadais* y *uttapams*– y curris de Malabar no muy picantes. *12.00-14.30 y 17.00-22.00 lu-vi, 12.00-15.30 y 17.00-22.00 sa y do*

Pescado, marisco y lujos

LeftField €€

37 C4

Bistró con los clásicos platos de pescado y marisco (lenguado al limón, bacalao al horno y marisco). No hay muchas mesas; se recomienda reservar. *17.30-21.00 ju, 12.00-14.00 y 17.30-21.00 vi-do*

Nadair €€€

38 E5

Menús escoceses de cinco platos de temporada, que cambian a diario, acompañados de estupendos vinos ecológicos. *18.00-21.15 mi-vi, 12.00-14.15 y 18.00-21.15 sa, 12.00-14.30 do*

Café y 'brunch'

Machina Coffee €

39 E5

Café supermoderno con altos techos, ambiente

Localizaciones en el plano de la **p. 158**

luminoso, tentempiés y muchos estudiantes con sus portátiles. *7.30-15.30 lu-vi, 8.00-16.00 sa y do*

Honeycomb & Co €€€
 40 A6

Para un desayuno especial, un *brunch* o un café con pasteles. Su moderna carta incluye opciones como las tortitas de remolacha con salmón ahumado o las tostadas con chile dulce. *9.00-16.00*

Bakery Andante €
41 A6

Premiada panadería artesana en Morningside, referente del sector en Edimburgo. *8.00-18.00 lu-sa, 8.30-17.00 do*

Beber

'Pubs'

Cloisters
42 C3

Popular *pub* con cervezas *real ale* en lo que era la casa parroquial de All Saints. *13.00-23.00 lu, 12.00-23.00 ma, 12.00-24.00 mi-sa, 2.30-23.00 do*

Bennets Bar
43 C3

Pub histórico que lleva abierto desde 1906. Cerveza, charla, un bonito local y *pizzas* para aflo-

---

jarse el cinturón. Junto al King's Theatre. *12.00-1.00*

Pear Tree
 44 G3

Laceríntico *pub* muy popular entre los estudiantes, con una gran terraza. Un buen lugar para ver deporte. *12.00-1.00*

Athletic Arms
 45 A3

Viejo *pub* fundado en 1897 entre dos cementerios, antes frecuentado por enterradores. Antiguo y tradicional, lo cual le añade encanto. *10.00-1.00*

Abbey
46 H4

Sencillo local de gestión familiar con más de 500 *whiskies*. La mejor opción para tomar un buen trago al sur del centro. *9.30-24.00 do-ju, 9.30-1.00 vi y sa*

A la última

Blackbird
 47 C4

Divertido *pub* y terraza con un público fiel, cócteles, cervezas artesanas y grandes *focaccias* rellenas. *12.00-24.00*

Southpour
48 H5

Gastro-pub con un público familiar. *Brunches*, hamburguesas, huevos Benedict y sesiones de música en directo. *10.00-22.00 lu-ju, 10.00-23.00 vi y sa, hasta 20.00 do*

Comprar

Cosas de casa y cerámica

Elliott's
49 G5

Jess Elliott Dennison, escritora y estilista gastronómica, vende artículos de cocina y para la despensa en su estudio. También organiza talleres de cocina y charlas sobre libros. *9.00-14.00 mi-sa*

Meadows Pottery
50 H4

Bonita tienda de cerámica. Todas las piezas se hacen a mano y se hornean allí mismo. *10.00-17.00 ma-vi, 10.00-16.30 sa*

Libros y regalos

Lighthouse Bookshop
51 G2

Librería radical con obras de autores marginales y LGTBIQ+, títulos dedicados al feminismo, la historia revolucionaria, la defensa del medio y más. *10.00-20.00 lu-sa, 11.30-17.00 do*

Halibut & Herring
52 B5

Curiosa tienda donde se puede encontrar desde un cuenco decorado con limones sicilianos hasta una pantalla de lámpara con flamencos. *10.00-17.00 lu-sa, 11.00-16.30 do*

⭐ **MERECE LA PENA**

Rosslyn Chapel

Rosslyn Chapel suscita a la vez admiración y misterio. Hay quien dice que es la iglesia más bonita y enigmática de Escocia, un santuario rural con un elaborado interior tallado en piedra que adquirió fama como protagonista en *El código Da Vinci,* éxito de ventas de Dan Brown.

CONSEJO

Para llegar, se puede tomar el autobús nº 37 de Lothian Buses desde North Bridge en dirección a Penicuik/ Deanburn. El viaje dura 45 min aprox.; la capilla queda a unos minutos a pie del pueblo de Roslin.

Escanea este código QR para ampliar información y comprar entradas.

Historia y ubicación

Quien sueñe con ángeles y demonios encontrará en la Rosslyn Chapel el ambiente perfecto para dejar volar la imaginación. Esta iglesia, construida a 11 km del centro de Edimburgo en 1446 para sir William St Clair, tercer príncipe de las Órcadas, tiene una elaborada decoración interior con más de 200 majestuosas tallas en piedra por toda la nave, el ábside y el altar. Todo ello en un entorno rural en pleno Midlothian, con vistas a las ruinas del castillo de Rosslyn y a los bosques del valle del Esk.

Lady Chapel

El interactivo **centro de visitantes,** que se encuentra nada más llegar, es estupendo para conocer la historia del lugar: si se presta atención, se verá que el edificio tiene la misma forma de la capilla, con pilares de madera y techos altos. Dado que la capilla es pequeña, las entradas se organizan por grupos, controlando así el flujo de visitantes. El día se divide en turnos de entrada de 90 min.

Hay que cruzar el recinto para llegar a la capilla propiamente dicha, la **Lady Chapel,** con nervaduras en el techo y rincones espectaculares por todas partes. Entre las tallas en piedra se cuentan la de la "danza de la muerte", con

MISTY RIVER/SHUTTERSTOCK ©

un rostro que se dice que corresponde al de la máscara mortuoria de Roberto I, y las de los **Hombres verdes** (foto), de los que hay un centenar, dentro y fuera de la capilla.

El código Da Vinci

Recientemente, la capilla ha cobrado protagonismo al aparecer en la novela superventas de Dan Brown *El código Da Vinci*. El autor la describió como la capilla más misteriosa y mágica del mundo. No hay que perderse la sacristía (cripta), donde se podrán recrear las andanzas de los Caballeros Templarios en el libro y la película (por ser donde se encuadra el lugar de reposo eterno del Santo Grial). Para más información, se puede hacer una visita guiada de 15 min, con salida varias veces al día.

UNA PAUSA
En el centro de visitantes hay una bonita **cafetería** donde sirven sopas, sándwiches, bebidas calientes y pasteles.

Guía práctica

Royal Mile (p. 53).
ESSEVU/SHUTTERSTOCK ©

Viajar en familia

Edimburgo da la impresión de que se creó pensando en los niños. Tiene un volcán muy accesible en el centro, un castillo de cuento de hadas, museos para toda la familia y un zoo de gran nivel.

¿Es Edimburgo apto para los niños?

La Old Town y la New Town son como libros de historia, con anécdotas interesantes y lugares misteriosos por doquier. Los niños no se darán cuenta, pero la visita será de lo más educativa.

ZONAS DE JUEGOS A GOGÓ

En la ciudad hay unas 138 zonas de juegos públicas, así que nunca se estará lejos de un espacio al aire libre donde corretear. Edinburgh Outdoors ofrece un práctico plano para localizarlas.

Escanea este código QR.

Comer fuera

Las familias y los niños son bien acogidos en cafeterías y restaurantes, muchos de los cuales cuentan con **menús infantiles** y **tronas;** los mejores tienen incluso **láminas y lápices de colores para pintar.** Si los chavales son aficionados a una comida a medio camino entre lo sano y el *fast food* –pasta con tomate, pescado frito con patatas, hamburguesas, salchichas y alubias– se sentirán en el paraíso.

Lactancia

Dar el pecho en público es algo aceptado, y hay incluso campañas gubernamentales para animar a las mujeres a hacerlo.

Transporte público

Por cada adulto que pague billete pueden viajar hasta dos niños gratis.

'Pubs' en horario reducido

Los menores de 18 años solo pueden estar en un *pub* con un adulto, y si el *pub* sirve comidas. En caso de duda, se puede preguntar en la barra. Las familias con niños tendrán que abandonar el *pub* antes de las 20.00.

Alojamiento

Los fantásticos hoteles y albergues de Edimburgo pueden ser en sí mismos un motivo para visitar la ciudad, aunque son cada vez más caros.

Si te gusta...

Museos e historia

Royal Mile (p. 53) A las puertas del castillo de Edimburgo, de la catedral de St Giles y de todos sus puestos y callejones. Todo el bullicio de la capital con una gran vida nocturna.

Arte y arquitectura

New Town (p. 85) Entre casas adosadas georgianas reconocidas como Patrimonio Mundial y sus jardines se encuentran museos de primera y algunos hoteles, pensiones y B&B con mucha clase.

IMPRESCINDIBLE

Nos encanta

Stockbridge (p. 125) A un paseo de la Old Town y la New Town está Stockbridge, con ambiente de barrio y poco turístico. Cuenta con buenas opciones de alojamiento de precio medio y muchos restaurantes, vinaterías y *pubs*. Quien quiera algo aún más cerca puede optar por el West End, en la línea de tranvía.

CUÁNTO CUESTA

Cama en albergue desde **25 £**

Hotel-*boutique* de precio medio desde **100 £**

Hotel céntrico desde **190 £**

Bares de moda y restaurantes elegantes

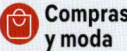
The Shore (p. 148), en Leith, alberga hoteles con mucha personalidad, incluido uno en una gabarra y otro en una misión para pescadores. Alguna estrella Michelin y unos *pubs* estupendos aportan un aire burgués al barrio.

Compras y moda

En **Princes St** se concentran los hoteles de cinco estrellas de cadenas internacionales, sobre todo por St Andrew Sq, St James Quarter y los extremos de Princes St.

Diversión a buen precio

En **Grassmarket y Cowgate** (p. 61-62) hay sobre todo albergues, en los callejones y bajo el North Bridge y el South Bridge. Baratos, desenfadados y divertidos.

Comida, bebida y fiesta

DESCORCHE

En Edimburgo es muy habitual que los comensales lleven su propio vino, y en muchos restaurantes indios y paquistaníes solo sirven refrescos. No se cobra tasa de descorche por llevar vino o cerveza.

Alergias e intolerancias

La gente con alergias e intolerancias no tendrá ningún problema para comer fuera en Edimburgo. Alérgenos como los frutos secos o el gluten aparecen indicados en las cartas, pero para mayor seguridad, es mejor consultar al camarero.

Reservas

Conviene reservar, especialmente los fines de semana, para los restaurantes más famosos o si se va en grupo. No es raro dejar algo a cuenta.

'SAUCE'

La forma de pedir *fish and chips* es un gran indicador de lo integrado que se está. Esta es una ciudad de sal y *sauce* (una salsa marrón muy ligera), no sal y vinagre, algo que suele sorprender a los visitantes ingleses.

 ## Sin carne

En Edimburgo cada vez hay más restaurantes veganos y vegetarianos, y en casi todas las cartas hay opciones para evitar la carne. **David Bann** (p. 64) y **Mother India's Cafe** (p. 65) tienen cartas veganas y vegetarianas, y también **Noto** (p. 108) y **Timberyard** (p. 119) para quien quiera algo más elaborado.

Cómo pagar la cuenta

La cuenta no llegará hasta que se pida.

Dividir la cuenta Lo habitual es que el restaurante espere que se pague todo junto. Si se quiere dividir, lo mejor es pedírselo al camarero por adelantado, para evitar malas caras.

Propina El servicio suele estar incluido en la cuenta. En los restaurantes, lo normal es un 12-15 %, y en cafés o bares no se espera propina. Si se paga con tarjeta, conviene asegurarse de que la propina vaya a ir al camarero. Si no queda claro, es mejor dejar efectivo en la mesa.

PRECIOS

Los precios indicados corresponden, de media, a un plato principal.

£ menos de 15 £
££ 15-25 £
£££ más de 25 £

HORARIOS

Cafés 8.00-17.00
'Pubs' y restaurantes 11.00-22.00
'Fast-food' 11.00-3.00 o más tarde

 Salir

De marcha La vida nocturna se concentra, sobre todo, en Cowgate, casi como si los clubes quisieran pasar desapercibidos. Muchos están en sótanos. Dos buenas opciones son **Sneaky Pete's** y **Cabaret Voltaire** (p. 63). **The Liquid Room** y **La Belle Angele** también ofrecen música en directo, y el **Bongo Club** (p. 63) es lo más *hipster* del momento.

Cuándo ir Cuando los *pubs* empiezan a anunciar la última ronda, entre 23.00 y 24.00.

En la puerta Si se llega pronto, no habrá problema para entrar. Los dueños prefieren que haya una buena mezcla de géneros, así que es más fácil si el grupo es variado. Si se llega borracho, no habrá modo de franquear la puerta.

Precios Quien quiera darse una buena fiesta sin gastar mucho, debería ir entre semana, cuando la entrada es gratis para residentes y estudiantes para atraer a los autóctonos. En fin de semana, los precios se disparan.

CUÁNTO CUESTA

Bocadillo de desayuno
4 £

Sándwich
6 £

'Fish and chips'
Desde 14 £

Café
3-4 £

'Pizza'
Desde 12 £

Pinta de cerveza artesana
desde 5,50 £

Copa de vino
Desde 7 £

Comunidad LGTBIQ+

Edimburgo tiene un animado panorama LGTBIQ+ y suele aparecer en los primeros puestos de cualquier listado de las ciudades más *gay-friendly* del mundo.

El triángulo rosa

Desde la década de 1980, una zona de Edimburgo se ha convertido en referente para los residentes y visitantes LGTBIQ+. El **Pink Triangle** se sitúa al final de Leith Walk, con centro en Piccardy Pl y, sobre todo, en torno a **CC Blooms** (p. 108), un estandarte del panorama gay de la ciudad desde su inauguración en 1994. El nombre del bar hace referencia al personaje de Bette Midler en la película *Eternamente amigas,* de culto para la comunidad gay local.

En la misma zona se encuentran el **Street** y el **Planet Bar & Kitchen,** con su bandera arcoíris ondeando. Y el **Regent Bar,** al final de Easter Rd. Si hay otro barrio "rosa" en Edimburgo, es **Leith** (p. 141), donde la inclusividad es seña de identidad.

ORGULLO GAY

El Pride Edinburgh es la fiesta de la comunidad con mayor tradición del país. Incluye un concierto en Bristo Sq y un desfile por la Royal Mile el tercer fin de semana de junio.

IMPRESCINDIBLE

Por días de la semana

MIÉRCOLES
CC Blooms The Drag Lab (desde 21.00)
JUEVES Kafe Kweer
Clase de dibujo Queer (17.00-19.00)
VIERNES Paradise Palms Noches de DJ
SÁBADO DE DÍA
CC Blooms Disco de día
SÁBADO DE NOCHE
Planet Bar Entrada gratis hasta las 3.00
DOMINGO
CC Blooms Cabaré 'Church of High Kicks'

— **CIRCUITO QUEER EDINBURGH** —

La guía Hannah Mackay Tait recupera las historias que muchos han intentado borrar en sus circuitos sobre el legado LGTBIQ+.

Recursos

● **LGBT Health and Wellbeing** (*lgbthealth.org.uk*) Organización benéfica nacional en defensa de la igualdad. ● **Scottish Trans Alliance** (*scottishtrans.org*) Centrada en la identidad de género, la igualdad, los derechos y la inclusión. ● **LGBT Youth Scotland** (*lgbtyouth.org.uk*) Organización para personas de 13 a 25 años. ● **Somewhere For Us** (*somewhereforus.org*) Revista de la comunidad LGTBIQ+ de Escocia sobre arte, cultura, legado y empresa.

GUÍA PRÁCTICA

COMUNIDAD LGTBIQ+

NEW AFRICA/SHUTTERSTOCK ©

180

Salud y seguridad

Edimburgo es una ciudad segura y no debería tenerse ningún problema, pero hay que usar el sentido común.

ALCOHOL AL VOLANTE

En Escocia hay cero tolerancia con el alcohol al volante (o sobre la bici). El límite legal es de 50 mg de alcohol por 100 ml de sangre, o 22 microgramos de alcohol por 100 ml de aire expirado, lo que equivale a una copa. Lo mejor es abstenerse.

Medicinas

En Edimburgo, es muy fácil obtener medicación sin receta para pequeños problemas de salud: pastillas para el dolor, la gripe, la tos o la alergia; y se puede consultar al farmacéutico sobre la mejor opción. Grandes farmacias como **Boots** o **Superdrug** son casi como supermercados y tienen de todo. Si se necesita algo más fuerte, conviene ir al médico.

Agua del grifo

El agua del grifo, también llamada *council juice* (jugo municipal), es gratis, limpia y potable.

A TENER EN CUENTA

Seguridad

Conviene poner el candado a las bicicletas, sobre todo en la Old Town y en Leith.

Sintecho

En Edimburgo hay una población considerable de personas sintecho. Comprando la revista *The Big Issue* se contribuye a darles apoyo.

Marihuana

El uso recreativo del *cannabis* es ilegal. Está clasificado como droga de clase B.

Tarjeta sanitaria

Los ciudadanos y residentes en la UE, Suiza, Islandia, Noruega y Liechtenstein pueden recibir tratamiento médico gratuito o a precio reducido en los centros médicos públicos con la Tarjeta Sanitaria Europea emitida por su país. Cada individuo de una misma familia debe tener su propia tarjeta.

— ZONAS QUE CONVIENE EVITAR —

Por Lothian Rd, Rose St y el extremo oeste de Princes St el ambiente puede caldearse las noches de viernes y sábado, cuando cierran los *pubs*. De noche, conviene evitar Calton Hill.

Turismo responsable

Consejos para reducir la huella, apoyar la economía local y dejar un impacto positivo en la comunidad.

Green Tourism Scheme

Este organismo reconoce a las empresas que destacan en una serie de valores de sostenibilidad, desde la gestión de residuos a la eficiencia energética e hídrica, o el impacto sobre la comunidad. Los logos o adhesivos de **Green Tourism** –en categorías oro, plata o bronce– distinguen a los hoteles, restaurantes, atracciones y agencias turísticas más sostenibles. Uno de los mejores operadores turísticos es **Mercat Tours** (p. 55).

Temporada baja

Uno de los mejores modos de apoyar a las comunidades locales es viajar en temporada baja, evitando los meses de mayor afluencia. Los más tranquilos en Edimburgo son de **enero a marzo** y de **septiembre a noviembre.**

DESDE IZDA.: BOB DOUGLAS/SHUTTERSTOCK ©, MADAM PHOTOGENIC/SHUTTERSTOCK ©

IMPRESCINDIBLE

★

¡Sopa gratis!

Union of Soup *(unionofgenius.com)* ofrece sopa gratis a quien use su propio recipiente o devuelva el usado para llevársela. Está cerca del National Museum of Scotland.

En bici

Edimburgo cuenta con más de 75 km de carriles-bici y es fácil encontrarlos por el centro. La Old Town va reduciendo progresivamente el volumen de coches, y algunas de las calles se cierran los fines de semana al tráfico. La Edinburgh and Lothians Greenspace Trust proporciona el útil plano **City Cycleways** *(innertubemap.com)*, y el Ayuntamiento ha creado **QuietRoutes** con ocho planos para explorar la ciudad *(edinburgh.gov.uk/ cycling-walking)*.

Recursos

● **green-tourism.com** Red de certificación de sostenibilidad que destaca los negocios que protegen el medio. ● **visitscotland.com/travel-planning/responsible-tourism** Para reducir las emisiones de carbono en Escocia. ● **edinburgh.org/planning/ local-information/responsible-tourism** Web oficial de Edimburgo.

DE SEGUNDA MANO

En **Stockbridge** (p. 125) y **Bruntsfield** (p. 163) hay muchas tiendas de organizaciones benéficas y empresas que venden ropa, libros y discos de segunda mano para recaudar dinero para ONG locales u organizaciones sin ánimo de lucro. **W Armstrong & Son** (p. 63) está especializada en ropa *vintage*.

Comida sostenible

Edimburgo tiene unos hábitos de consumo verdes que otras ciudades no tienen. Algunos de los mejores lugares para ponerlos en práctica son el **Cafe Modern One, Paolozzi's Kitchen, Cafe Portrait, Cafe St Honore** y el **Gardener's Cottage.**

Social Bite *(social-bite.co.uk)* gestiona una cafetería en Rose St pensada para reducir el derroche de alimentos y ayudar a la gente sin hogar de Escocia.

CON LA BOTELLA A CUESTAS

Vale la pena llevar una botella reutilizable y no hay que tener reparos en pedir que la llenen. **Escanea el código QR permite encontrar las estaciones de agua de Scottish Water Top Up Tap para rellenar la botella (son azules).**

El cambio climático y los viajes

Es imposible ignorar el impacto de nuestros viajes y la importancia de hacer cambios. Lonely Planet anima a todos los viajeros a involucrarse en su huella de carbono. Muchas webs de líneas aéreas y sitios de reservas ofrecen la opción de compensar el impacto de los gases de efecto invernadero realizando donaciones para iniciativas respetuosas con el clima en todo el mundo.

La **calculadora de la huella de carbono de la ONU** muestra el impacto de los vuelos en las emisiones.

La **calculadora de emisiones de carbono de la OACI** permite calcular el CO_2 generado en un viaje determinado.

Accesibilidad

Transporte público

Los autobuses de **Lothian Buses** disponen de rampas de acceso y espacio limitado para sillas de ruedas. Todos tienen asientos reservados, espacio para perros lazarillo e indicaciones sonoras y visuales. Las estaciones de los tranvías permiten el acceso en silla de ruedas. La app **Transport for Edinburgh** (*tfeapp.com*) ofrece un completo soporte sonoro.

Euan's Guide

La organización Euan's Guide, dedicada a facilitar la accesibilidad para personas con discapacidades, tiene una completa web (*euansguide.com*) llena de información, opiniones y reseñas escritas por y para discapacitados.

ALOJAMIENTO

Princes Street y la **New Town** (p. 85) son los barrios con las instalaciones mejor adaptadas. Debido a su historia, la Old Town tiende a carecer de facilidades de acceso y en muchos edificios será difícil implementarlas.

Taxis

Los taxis negros de **City Cabs** y **Central Taxis** suelen estar adaptados para sillas de ruedas y pueden bajar de nivel para facilitar el acceso a personas con movilidad reducida.

IMPRESCINDIBLE

A pesar de contar con cinco cubiertas y todo tipo de recovecos, el yate real **'Britannia'** (p. 144) es accesible en silla de ruedas, ya que cuenta con un elevador desde la orilla y muchas rampas. Visit Scotland lo ha clasificado con la categoría 1, la mayor, para el acceso en silla de ruedas sin asistencia. Hay tabletas de uso gratuito con circuitos en lenguaje de signos británico y se ofrecen circuitos con soporte auditivo y con indicaciones en Braille. Se aceptan perros lazarillo y los acompañantes no pagan.

ADOQUINES Y BORDILLOS

En Edimburgo hay muchas calles con adoquines que dificultan el paso en silla de ruedas. La Old Town resulta complicada, con muchas escalinatas, desniveles y bordillos.

Recursos

● **edinburgh.org/planning/local-information/accessible-edinburgh**

Forever Edinburgh, la oficina de turismo oficial de la ciudad, dispone de una excelente guía de accesibilidad en línea.

Lo esencial

🕐 Horario comercial

Según la temporada y el lugar (centro o barrios periféricos), los horarios pueden cambiar.

Bancos 9.00-17.00 lu-vi, algunos también sa hasta 13.00

'Pubs' 11.00-23.00 o más tarde

Cafés 8.00-17.00

Clubs 23.00-3.00 o más tarde

Oficinas de correos 9.00-17.00 lu-vi, hasta 13.00 sa

Restaurantes 11.30-22.00

Tiendas 9.00-17.00 lu-mi, vi y sa, 9.00-20.00 ju, 11.00-17.00 do

Supermercados 8.00-20.00 o más tarde

A TENER EN CUENTA

Hora local GMT + 0
Código de ciudad +0131
Emergencias 999
Población 559.000 hab.

ELECTRICIDAD 230V/50HZ

📅 Fiestas oficiales

Tiendas, bancos y oficinas públicas y privadas cierran estos días festivos en Edimburgo:

Año Nuevo 1 de enero

Fiesta de Año Nuevo 2 de enero

Fiesta de Primavera 2º lunes de abril

Viernes Santo Viernes antes del Domingo de Pascua

Lunes de Pascua Lunes después del Domingo de Pascua

Fiesta de Mayo 1er lunes de mayo

Día de la Victoria Último lunes antes del 24 de mayo, o el propio 24

Fiesta de Septiembre 2º o 3er lunes de septiembre

Navidad 25 de diciembre

San Esteban 26 de diciembre

🚭 Fumar

Salvo en los lugares designados al efecto, no está permitido fumar (ni vapear ni usar cigarrillos electrónicos) en edificios públicos, el transporte público ni en casi ningún lugar bajo techo. Tampoco en restaurantes, bares ni discotecas, salvo raras excepciones.

Slàinte Mhath
"¡Salud!" en gaélico escocés

Índice

Puntos de interés p. 000
Págs. de los planos **p. 000**

Véase también los subíndices:

 Comer p. 189

Beber p. 190

Comprar p. 191

zoo de Edimburgo 30, 121-122

 **Comer**

Comprar

La opinión del lector

Nos encanta escuchar a los viajeros, ya que con sus comentarios nos ayudan a mejorar nuestros libros. Podéis escribirnos a lonelyplanet.com/contact; leemos todos los mensajes y garantizamos que estos lleguen a los autores.

Nota: Es posible que algunos fragmentos de estos mensajes aparezcan en nuevas ediciones de las guías Lonely Planet, en la web o en productos digitales. Si preferís que vuestro contenido o nombre no sean publicados, por favor, indicadlo claramente. Para obtener una copia de nuestra política de privacidad, podéis visitar lonelyplanet.com/legal.

geoPlaneta
Av. Diagonal 662-664, 08034 Barcelona
www.geoplaneta.com – www.lonelyplanet.es

Lonely Planet Global Limited
Lonely Planet Global Limited, Digital Depot,
The Digital Hub, Dublín D08 TCV4, Irlanda
www.lonelyplanet.com
Contacta con Lonely Planet en: lonelyplanet.com/contact

Edimburgo de cerca
6ª edición en español – octubre del 2025
Traducción de *Pocket Edinburgh*, 8ª edición –
junio del 2025
© Lonely Planet Global Limited
1ª edición en español – mayo del 2011

Editorial Planeta, S.A.
Av. Diagonal 662-664, 7º. 08034 Barcelona (España)
Con la autorización para la edición en español de Lonely
Planet Global Limited, Digital Depot,
The Digital Hub, Dublín, D08 TCV4, Irlanda

© Textos y mapas: Lonely Planet, 2025
© Fotografías: según se relaciona en cada imagen, 2025
© Edición en español: Editorial Planeta, S.A., 2025
© Por la traducción del texto: Jorge Rizzo, 2025

ISBN: 978-84-08-30369-5
Depósito legal: B. 4.057-2025
Impresión y encuadernación: Unigraf
Printed in Spain – Impreso en España